A habitação apoiada em Portugal

Ricardo Costa Agarez

À MINHA QUERIDA CRISTINA

ESCREVO CONTIGO NO CORAÇÃO E
NO PENSAMENTO, SEMPRE

ATÉ JÁ, AMOR

2020.01.20

FUNDAÇÃO
FRANCISCO MANUEL dos SANTOS

FUNDAÇÃO
FRANCISCO MANUEL dos SANTOS

Largo Monterroio Mascarenhas, n.º 1, 7.º piso
1099-081 Lisboa
Telf: 21 001 58 03
ffms@ffms.pt

Diretor de publicações: António Araújo
Título: A Habitação Apoiada em Portugal
Autor: Ricardo Costa Agarez
Revisão de texto: Mariana Matias
Design e paginação: Guidesign
Impressão e acabamento: Guide — Artes Gráficas, Lda.

7   Siglas e Abreviaturas

17   Emergência Social, Habitação e Trabalho:
     Projetos e Frustrações da República

35   Casas para Todos (Os Apoiantes do Regime):
     As Casas Económicas de 1933

55   Casas de Outros, para Outros: A Multiplicação
     de Regimes no Pós-Guerra

77   Concentração e Grande Escala: A Casa
     Apoiada no Portugal Pré-CEE

101 O Estado Central nos Bastidores: Cedências,
     Bonificações e (ainda) «Barracas»

113 Para saber mais

Siglas e Abreviaturas

ANTT/EPJS — Arquivo Nacional Torre do Tombo /
/ Empresa Pública Jornal *O Século*

ANTT/SNI — Arquivo Nacional Torre do Tombo /
/ Secretariado Nacional de Informação

CAR — Comissão para o Alojamento de Retornados

CDH — Contrato de Desenvolvimento para Habitação

CML/AML — Câmara Municipal de Lisboa / Arquivo Municipal de Lisboa

DGEMN — Direção-Geral dos Edifícios e Monumentos Nacionais

DGPC/SIPA — Direção-Geral do Património Cultural /
/ Sistema de Informação para o Património Arquitetónico

DGSU — Direção-Geral dos Serviços de Urbanização

FCG/BAA — Fundação Calouste Gulbenkian /
/ Biblioteca de Arte e Arquivos

FD — Fundo de Desemprego

FFH — Fundo de Fomento da Habitação

GCR — Gabinete Carlos Ramos (Lisboa)

GTH — Gabinete Técnico da Habitação

IGAPHE — Instituto de Gestão e Alienação
do Património Habitacional do Estado

IHRU — Instituto da Habitação e da Reabilitação Urbana

INH — Instituto Nacional da Habitação

INTP — Instituto Nacional do Trabalho e Previdência

PER — Programa Especial de Realojamento

SAAL — Serviço de Apoio Ambulatório Local

Por coincidência histórica, data de 25 de abril de 1918 a publicação do primeiro instrumento legal em Portugal dedicado ao incentivo, pelo Estado central, da construção de casas «económicas» por entidades públicas e privadas. A questão do apoio à habitação acessível, comum no mundo ocidental e já com décadas de experimentação e prática em alguns contextos, tinha clara importância no equilíbrio social do País, acentuada pelo (difícil) processo de implantação da Primeira República. Paz social, saúde pública, produtividade e moralidade — e o reconhecimento de um embrionário «direito à habitação» — foram os temas-chave então lançados:

> «As questões sociais, interessando principalmente as classes proletárias, são hoje de palpitante actualidade em todos os povos cultos. Os Parlamentos e homens de estado das nações mais adiantadas da Europa e da América consagram os máximos esforços a estudar os melhores processos de debelarem as causas de descontentamento e de miséria dos mais infortunados. Uma dessas questões e da maior importância é a que se destina a conseguir a construção em grande escala de casas económicas, com todas as possíveis condições de conforto, independência e higiene, destinadas principalmente nas grandes cidades aos

que, por carência de recursos materiais, têm sido obrigados até agora a viver em residências infectas, sem luz nem ar, e por isso gravemente nocivas à saúde dos que as habitam.

Este problema exige entre nós uma pronta e rápida solução.»

(in *Diário do Governo*, Decreto n.º 4.137, 1918: 451)

Cem anos e uma semana depois, em maio de 2018, o Conselho de Ministros de Portugal fez publicar uma resolução aprovando «o sentido estratégico, objetivos e instrumentos de atuação para uma Nova Geração de Políticas de Habitação». Perante um novo agudizar da escassez de alternativas acessíveis para habitação — abrangendo hoje um largo espectro socioeconómico da população —, agravado pela globalização definitiva do mercado habitacional português e pelo desfasamento evidente entre este e o rendimento médio nacional, o Estado central viu-se de novo forçado a procurar intervir através de medidas legislativas.

Parece notável, antes do mais, que, cem anos depois, a retórica oficial invoque ainda temas-chave que pensaríamos encerrados no passado. Se o tom foi atualizado, permanecem o sentido de urgência e a essencialidade da questão para a sociedade portuguesa, além do persistente recurso à validação internacional:

«A habitação e a reabilitação são, cada vez mais, reconhecidas como áreas estratégicas e fundamentais ao desenvolvimento humano e da vida em comunidade e à promoção da competitividade e coesão dos territórios. É neste sentido que o debate em torno destas questões se tem vindo a configurar e a consolidar no quadro das orientações e recomendações de organizações internacionais como as Nações Unidas, o Conselho da Europa, a União Europeia ou a Organização Mundial de Saúde. [...]

A habitação é um direito fundamental constitucionalmente consagrado, a base de uma sociedade estável e coesa e o alicerce a partir do qual os cidadãos constroem as condições que lhes permitem aceder a outros direitos como a educação, a saúde ou o emprego. As profundas alterações dos modos de vida e das condições socioeconómicas das populações, a combinação de carências conjunturais com necessidades de habitação de natureza estrutural, a mudança de paradigma no acesso ao mercado de habitação, precipitada pela crise económica e financeira internacional, e os efeitos colaterais de políticas de habitação anteriores, apontam para a necessidade de uma Nova Geração de Políticas de Habitação que contribua para resolver problemas herdados e para dar resposta à nova conjuntura do setor habitacional.»

(Resolução do Conselho de Ministros n.º 50-A/2018: 1784-[2])

A «Nova Geração» de 2018 pretende, concretamente, apoiar famílias em situação de grave carência habitacional, garantir o acesso à habitação àqueles que não o têm pelo mercado imobiliário, transformar a reabilitação no modo dominante de intervenção em edifícios e cidades e, em consequência, promover a inclusão e a mobilidade sociais e territoriais.

Os instrumentos de política desta «Geração» — a desenvolver com as autarquias — deverão assentar, em parte, no Levantamento Nacional das Necessidades de Realojamento Habitacional apresentado em fevereiro de 2018. Autointitulando-se «o primeiro levantamento sistemático realizado em matéria de precariedade habitacional, incidindo sobre todo o território nacional», o inquérito levou à identificação, por todos os municípios portugueses, dos alojamentos de residência permanente desprovidos das condições mínimas de habitabilidade: nos 187 municípios com carências habitacionais (que afetam mais de 3 % de todas as famílias residentes em Almada, Amadora, Loures, Mesão Frio, Mira, Monforte, Mourão e Murtosa) existem quase 26 mil famílias e 31 526 «casas» sem as condições habitacionais mínimas admissíveis; a Área Metropolitana de Lisboa concentra mais de metade do total nacional destas famílias, e Porto, Lisboa, Almada, Amadora e Loures registam mais de mil famílias, por cada cidade, nesta situação. Embora o número total de famílias identificadas nas áreas metropolitanas tenha baixado 39 % relativamente ao levantamento feito no âmbito do último grande esforço de realojamento realizado pelo Estado — o ainda não concluído Programa Especial de Realojamento, na década de 1990 —, é contudo particularmente significativo que tenham sido registadas em 2018 naquelas áreas mais de 16 mil «novas» famílias, correspondentes a novas situações de carência ou a casos não abrangidos pelos critérios anteriormente aplicados.

Enquanto em Lisboa o tipo de alojamento a substituir cai maioritariamente na categoria «Barracas e Construções Precárias», no Porto prevalece a categoria «Conjunto Urbano Consolidado Degradado» — ou seja, ainda as chamadas «ilhas» disseminadas, desde o século xix, pelo tecido urbano. Notável também é que, em 2018, 15 % dos alojamentos precários do País pertencessem à tipologia «Bairro Social», isto é, a conjuntos de casas construídas no século passado, promovidas pelo Estado ou por ele financiadas e «atualmente degradadas». Um sexto das famílias precariamente alojadas em Portugal reside em casas que o País conseguiu fazer erguer — nas mais diversas circunstâncias — mas não soube manter devidamente.

Existem, entretanto, 735 mil casas vagas em Portugal; estão vazias casas correspondentes a 17 vezes o número de famílias necessitadas de realojamento em Lisboa, e, no Porto, a 12 vezes.

Em julho de 2019, enquanto a chamada «Nova Geração» se vai traduzindo em medidas (por exemplo, de incentivo ao arrendamento acessível, tantas vezes já tentado nos últimos cem anos), a primeira Lei de Bases da Habitação da história de Portugal foi aprovada pelo Parlamento: dando forma ao estabelecido na Constituição de 1976, determinou-se que o Estado tem a obrigação de garantir o direito a uma habitação condigna para todos os cidadãos, e que a habitação tem uma função social, pelo que todas as construções com esta vocação devem ter uso efetivo habitacional. O País é obrigado a ter um Plano Nacional de Habitação (instrumento que deixa de estar à discrição de cada governo, como até aqui) e os municípios a ter cartas municipais de habitação, possibilitando estratégias de longo prazo e dotações orçamentais consistentes; fica a caber ao Estado o controle do cumprimento dos deveres dos proprietários na conservação, manutenção e reabilitação do património habitacional. A lei deverá ser, nas palavras da deputada e arquiteta Helena Roseta, responsável pelo lançamento da iniciativa, «o caderno de encargos que fica para o futuro», a detalhar e traduzir em ações concretas.

Como chegámos afinal até aqui?

Que caminho percorremos desde 1918? Como foi sendo definido o papel do Estado central — principal representante da coisa pública — na resolução das carências habitacionais da população portuguesa? Que modelos de casa apoiada foram privilegiados e negligenciados, quando, por quem e porquê? Que entidades, serviços e sujeitos — políticos, técnicos, comunidades — participaram nos sucessivos esforços feitos para enfrentar o perene «Problema da Habitação» em Portugal?

Este livro aborda a questão com um conjunto de critérios tornados indispensáveis pela dimensão e longevidade do tema, e pela diversidade de perspetivas possíveis, algumas das quais já exploradas em literatura existente.

Por um lado, incide-se aqui na discussão das medidas de política, iniciativas, projetos e realizações do Estado central. Este critério implica colocar por vezes em segundo plano outros atores, igualmente relevantes, com participação na matéria, e também dedicar uma atenção especial ao período que vai, aproximadamente, de 1918 a 1988, uma vez que a partir deste último ano aquele setor da administração pública retirou-se da frente de batalha, enquanto interveniente direto, para se limitar a assegurar, na retaguarda, funções de regulação normativa e financiamento.

Por outro lado, adota-se um olhar que, ainda que procure não se deixar limitar por décadas de (de)formação, é assumidamente o de um arquiteto e historiador do ambiente construído, das cidades e dos edifícios. A justificá-lo está a convicção de que o ambiente construído, no seu sentido mais lato, e os seus

componentes urbanos e arquitetónicos são lentes particularmente adequadas e reveladoras para entender culturas e sociedades do passado e do presente. Combinadas com reflexões
desenvolvidas em campos do conhecimento paralelos e sempre
próximos — as ciências sociais e políticas, a história económica
e administrativa —, as práticas da arquitetura e do fazer cidade
oferecem um ponto de vista privilegiado para observar a produção (intelectual e material) de habitação apoiada pelos poderes públicos, de modo simultaneamente abstrato e concreto.
Através destas práticas podemos discutir temas elevados como
o direito à habitação e a sua manipulação ideológica ao longo
do tempo, as responsabilidades centrais e locais, as estratégias
escolhidas para organizar o território e os núcleos urbanos,
fazendo-o com base em algo que a todos é familiar: a Casa.

O percurso que aqui se propõe pelos últimos cem anos de
habitação apoiada em Portugal tem cinco estações principais
onde nos deteremos a observar, com algum pormenor, momen-
tos-chave da intervenção direta do Estado central na matéria; em cada uma delas, o texto procurará esclarecer o sentido
desta ação a partir tanto da retórica oficial quanto das práticas
e exemplos concretos de realização. A primeira estação coin-
cide aproximadamente com a Primeira República, no contexto
da qual foram estabelecidos não apenas o regime de incentivo
à construção de casas económicas de 1918 mas também o primeiro plano de construção de «bairros sociais» instituído por
um governo neste País. A segunda estação centra-se no primeiro
instrumento de promoção lançado pelo Estado Novo, a Lei de

Casas Económicas — um dos seis diplomas fundadores do novo regime em 1933 —, que originou os bairros do mesmo nome e foi concebida para mitigar a carência habitacional de grupos socio-profissionais específicos do ecossistema então criado. Muitos destes bairros formam, hoje, áreas residenciais cobiçadas nas cidades portuguesas pela sua localização (entretanto valori-zada), baixa densidade, escala confortável e, até, pela imagem tradicional-rural das suas casas com quintal.

A inicial concentração de modelos e destinatários deu lugar, a partir do final da Segunda Guerra Mundial, à diversi-ficação de programas com que foram visados outros setores da população portuguesa e outras fontes de financiamento, público, parapúblico e privado: é este o foco da terceira esta-ção no nosso percurso. A quarta, por sua vez, corresponde ao último período de promoção direta de habitação pelo Estado central em Portugal, quando, ainda em ditadura, se tentou pela primeira vez uma abordagem integrada ao problema nas suas diversas dimensões — à escala territorial-urbana e abrangendo componentes sociais inéditas — e, na transição para a demo-cracia, se reuniram novos e velhos esforços para mitigar neces-sidades agora explícitas. O roteiro termina na quinta estação, onde o Estado central, num país regido por modelos de gestão pública da Europa ocidental, se escusou do seu papel enquanto promotor e procurou guiar e alimentar iniciativas de terceiros, gerindo, dos bastidores, o perene défice de habitação acessível.

Emergência Social, Habitação e Trabalho: Projetos e Frustrações da República

Em abril de 1918, o decreto 4.137 estabelecia legalmente, pela primeira vez em Portugal, «algumas providências atinentes a promover a construção de casas económicas».

O problema, segundo o detalhado preâmbulo do diploma, tinha origem na equação financeira subjacente à construção de habitação multifamiliar: os proprietários, face ao custo crescente de terrenos, materiais e mão de obra, receavam que «as casas de rendas mais módicas não lhes [dessem] um juro remunerador para os capitais despendidos nas construções» e erguiam «quasi exclusivamente prédios de rendas muito elevadas, incompatíveis com a situação dos pobres ou dos escassamente remediados». À medida que as «casas mais modestas» iam desaparecendo, surgiam em seu lugar «as residências de luxo, ao mesmo tempo que o acréscimo da população e o êxodo cada vez maior dos habitantes das províncias para as grandes cidades torna[va]m mais difícil e mais instante a solução do problema». Nestes centros, o desequilíbrio entre procura e oferta dava origem aos «remédios mais contraproducentes e contrários à higiene social» — a sobreocupação de casas, a adaptação de espaços desadequados a habitação e a construção de estruturas precárias e improvisadas, sem condições mínimas de salubridade, conforto e privacidade. As consequências, negativas, eram importantes não só para a saúde pública, mas também para a coesão e a paz sociais: estabelecendo uma relação muito discutida internacionalmente ao longo do século XIX, entre a carência habitacional e a agitação sociopolítica, o preâmbulo explicava como «os operários e trabalhadores, em vez de sentir amor pela sua casa, começam a detestá-la, a considerá-la como uma estância de amarguras, despertando-lhe ela, não ideias de paz, quietação e felicidade, mas sim sentimentos de ódio e de revolta». A relação causa-efeito entre condições habitacionais e insatisfação social — e a necessidade de controlar esta última através da melhoria das primeiras — esteve na base de todas as políticas de apoio à habitação em Portugal no século XX; pode mesmo considerar-se que algo não muito diverso — embora transmitido em termos diferentes — sucede no século XXI.

A presidência do Ministério (detida por Sidónio Pais) utilizou a introdução ao decreto de abril de 1918 para passar em revista, detalhadamente, as iniciativas legislativas encontradas em «países civilizados» como a Inglaterra, a Alemanha, a Áustria, a Itália, a Suíça, a Dinamarca, a Bélgica, a Holanda, a Espanha e os Estados Unidos da América. Para embaraço nacional, o relatório elaborado em França para suporte da criação dos novos Offices Publics d'Habitations à Bon Marché (1912) registava a inexistência em Portugal de qualquer instrumento «emanado dos poderes legislativo ou executivo que valha sequer como um ensaio da resolução de tão momentoso assunto». Neste país, reconhecia-se, somente «a iniciativa particular, desajudada de qualquer auxílio, tem realizado algumas tentativas modestas, mas suficientes para se reconhecer que o problema não é insolúvel».

Como exemplo destas tentativas, o diploma citava o caso do jornal *O Comércio do Porto*, que em 1899 abrira subscrição pública para financiar a construção naquela cidade de «algumas casas isoladas» — e em junho de 1904 conseguiria inaugurar, por exemplo, o Bairro Operário do Bonfim, no Monte das Antas, em momento devidamente registado em reportagem do fotógrafo Aurélio da Paz dos Reis. O conjunto e os seus congéneres em Lordelo do Ouro e Monte Pedral foram depois entregues ao município.

Em Lisboa, e além dos pontuais projetos filantrópico--empresariais para alojamento de operários pelos respetivos empregadores (como foi o caso do Bairro Grandella em Benfica, de 1902-1910), as escassas «tentativas modestas» de iniciativa particular incluíram o menos conhecido, e hoje desaparecido, Bairro Gratuito da Penha de França, erguido pela Santa Casa da Misericórdia de Lisboa em circunstâncias especiais — não em prossecução de uma estratégia assistencial própria, mas executando as disposições testamentárias de uma benemérita, Carolina Paiva de Andrada. Proprietária do palácio e quinta do conde de Soure ao Monte Agudo, falecera em 1912, deixando expressa a vontade de que «a parcela urbana do mencionado prédio seja consagrada à moradia gratuita de famílias pobres e honestas, cujo estado de absoluta indigência seja devidamente verificado» pela Santa Casa.

O projeto, ambicioso, gizado para a instituição pelo arquiteto Tertuliano Marques em 1913 — um «bairro de casas económicas, parte para as classes pouco abastadas e outra parte para as classes indigentes destinada esta a habitações gratuitas» com 109 casas em dez quarteirões, escola primária, cozinha («sopa dos pobres») e lavadouro — foi aprovado pela câmara municipal, mesmo que desconforme com os regulamentos em vigor. Reconhecendo a sua excecionalidade, o responsável da repartição propôs, em dezembro de 1914:

> «O projecto não está de harmonia com a postura [...] mas é a primeira tentativa <u>séria</u> de construção de casas baratas em Lisboa e por esse motivo sou de parecer que seja aprovado [...]. Julgo até a tentativa tão digna de aplauso, que não hesito em sugerir à Exma. Câmara o auxílio que poderia prestar, encarregando-se da conservação, limpeza e iluminação das futuras vias publicas.» (cit. *in* Agarez, 2010: 83. Sublinhado no original)

Um dos raros exemplos de promoção filantrópica em Lisboa não dirigido a assalariados do próprio promotor, o Bairro Gratuito da Penha de França, exemplificou a forma casuística e fragmentada com que entidades particulares abordaram o problema habitacional para famílias de baixos recursos no período anterior à legislação de 1918. Tal como se verificou com frequência nos últimos cem anos, também o projeto deste bairro foi apenas parcialmente realizado: um terço das casas previstas foram efetivamente erguidas no local; destas restavam somente dez casas em 1990, entretanto demolidas.

Em 1918, perante a insuficiência das «tentativas modestas» ensaiadas, o legislador culpava acima de tudo o Estado por não saber incentivar a esfera privada a investir na habitação acessível, e apresentava a sua promoção como um instrumento capaz de mitigar deficiências da economia portuguesa que iam muito além da escassez de oferta de arrendamento módico: as ambições exibidas eram outras, mais amplas.

Acreditava-se que, se o Estado «anim[asse] os capitais consagrados à edificação de casas económicas» com «auxílios justos e valiosos» — isto é, substanciais —, aqueles obteriam «um juro remunerador», de tal modo que não apenas resultariam «muito melhoradas» as condições de vida dos moradores; os próprios capitais «prender-se-ão mais à terra, o valor predial crescerá consideravelmente, o que determinará desde já um aumento de riqueza, e num futuro próximo uma maior matéria colectável para o Estado, e conseguir-se-á promover importantes trabalhos de edificação, onde irão buscar trabalho e salários muitos braços inactivos e muitos operários que atravessam horas dificílimas, podendo-se assim combater a crise que já há anos atormenta os que se empregam nas indústrias da construção».

Ou seja: o incentivo público ao investimento de capitais privados em habitação acessível deveria resultar também em amplos benefícios para a economia nacional que corrigissem fraquezas importantes — baixo valor fundiário, baixa massa fiscal associada, cíclicas crises de emprego e incipiente indústria da construção civil. Esta ambição tornou-se sistemática nos últimos cem anos: sempre que se procurou responder a carências habitacionais, associou-se tal resposta — justificando os custos decorrentes para o erário público — ao seu potencial impacto benéfico sobre a economia em geral e a indústria da construção civil em particular, enquanto mitigadora do problema, estrutural, do desemprego em Portugal.

Foi já notado, de resto, como no ano de 1918 causas exógenas e endógenas causaram um agudizar das dificuldades nacionais, com repercussões neste campo: aquele foi um «contexto de enormes dificuldades económicas, políticas e sociais agudizadas pela participação de Portugal na Primeira Grande Guerra. [...] a instabilidade era geral: vivia-se uma grave crise agrícola, escasseavam os bens de primeira necessidade, a situação financeira era grave, com uma inflação elevada, a que acrescem os efeitos devastadores do surto de tifo em 1917 e da gripe pneumónica em 1918 que afectaram principalmente os bairros populares porque menos salubres» (Tiago, 2010: 8).

Também em 1918 foi introduzido o modelo que veio a marcar, em 1933, a primeira abordagem do Estado Novo à questão da habitação económica, cuja materialização e conotação ideológica ficaram para sempre associadas à ditadura: a compra gradual da casa pelo morador. Especialmente admirado nas propostas mais recentes experimentadas lá fora era o facto de se querer não apenas promover a construção de «moradia, com bom ar e ampla luz» para aqueles com recursos limitados, mas também permitir, através de fundos de previdência (seguros), que «os membros das classes trabalhadoras possam desde logo tornar-se proprietários dessas habitações». A casa própria era, no diploma de 1918, um veículo de ascensão social e de educação moral e cívica pelo trabalho: o trabalhador, «que nunca pensara que poderia deixar de ser um triste proletário, apaixona-se pela ideia de adquirir uma casa onde veja nascer e medrar seus filhos, e que legitimamente lhe pertença, sem que ninguém dela o possa desapossar. Isto constitui o mais poderoso incentivo para ele ser morigerado, parcimonioso e regrado em todas as suas despesas, procurando realizar todas as economias possíveis para que nunca deixe de satisfazer os compromissos a que se obrigou [...]». Diminuindo o número «dos que se entregam aos vícios que mais degradam e arruínam o homem», resolvia-se «a questão social, nalguns dos seus aspectos mais inquietadores».

Eis aqui outro traço que, com grande nitidez, fez parte do desenho da questão da casa apoiada em Portugal nos últimos cem anos: o recurso ao desejo «natural» de cada indivíduo ser proprietário da sua residência, como forma de evitar que a administração pública se convertesse em proprietário-senhorio. Ao longo das décadas e dos programas lançados, foi visível a hesitação que o Estado, especialmente o central, sentiu no assumir deste papel, a sua determinação em partilhá-lo e, por fim, em cedê-lo por inteiro.

A chamada Lei de Casas Baratas, publicada em Espanha em 1911 (e moldada nas congéneres francesa e belga), era, de resto, vista como exemplar no estímulo oferecido às iniciativas particulares: às sociedades criadas para edificar casas económicas, o Estado concedia terrenos gratuitos, isenções fiscais temporárias e constituição livre de encargos, comprometendo-se ainda a comportar pelo erário público tanto os juros de empréstimos a cooperativas quanto a subvenção a particulares e empresas dedicados à construção de «casas baratas». Alegadamente aproveitando conteúdos preparados em tentativas recentes de legislar sobre a matéria (proposta de lei do ministro das Finanças Tomás Cabreira em 1914 e projeto do deputado Ramos da Costa em 1915), a presidência de Sidónio Pais quis finalmente trazer o Portugal republicano ao grupo dos países nos quais a habitação apoiada era matéria de competência governamental.

O decreto de abril de 1918 tornou-se o primeiro instrumento legislativo do século XX especificamente dedicado ao incentivo da construção de «casas económicas» por iniciativa de um leque amplo de entidades públicas e privadas: particulares, cooperativas, «sociedades anónimas de habitações económicas», associações de socorros mútuos, instituições de assistência ou previdência, câmaras municipais e instituições do Estado teriam vantagens (fiscais e outras) ao promover conjuntos habitacionais dotados de condições de salubridade (moradias por regra isoladas, sempre com logradouro traseiro e jardim fronteiro, redes de saneamento e iluminação) e equipamento coletivo (lavadouros, fontanários, escolas e creches), sujeitos a um «preço locativo máximo». As sociedades anónimas e cooperativas podiam ser financiadas pelas reservas ou património de seguradoras, caixas económicas e instituições de beneficência, e ainda contrair empréstimos junto da Caixa Geral de Depósitos com juros bonificados.

O setor privado era assim chamado a participar ativamente na promoção de habitação acessível. Aquilo que a iniciativa privada realizou, aproveitando as facilidades concedidas, está em grande medida por estudar, sendo ainda menos conhecido do que os projetos públicos então lançados. Uma destas realizações, de que sabemos muito pouco, poderá ter sido o Bairro Operário Lucas & Ventura, em Olhão (1924-1925), encomenda do célebre empresário olhanense Cândido do Ó Ventura (que levou o Olhanense a campeão nacional de futebol) ao seu cunhado arquiteto, Carlos Chambers Ramos, para alojamento dos trabalhadores da conserveira de que era sócio; este bairro, que foi um dos primeiros exemplos de arquitetura moderna erguidos no Algarve e publicados em Lisboa (1925), foi, possivelmente, fruto dos incentivos à indústria instituídos em 1918 para construção de habitação acessível.

Figura 1 — Bairro Operário Lucas & Ventura, Olhão
Fotógrafo não identificado, c. 1925, GCR

Se as iniciativas da esfera privada, decorrentes da legislação de 1918, são relativamente pouco conhecidas, já as da esfera governamental têm sido mais discutidas, embora seja comum a sua associação a um único conjunto, o Bairro do Arco do Cego em Lisboa, frequentemente assinalado como o primeiro grande bairro de habitação apoiada de iniciativa estatal em Portugal.

Contudo, na capital, foi o Bairro da Ajuda/Boa-Hora, inaugurado já na vigência do Estado Novo, o único realizado pelo Estado central em concretização da política lançada em abril de 1918 pelo governo de Sidónio Pais; no País, apenas os bairros de Arrábida no Porto e Ursulinas em Viana do Castelo foram também concretizados em consequência desta medida (Gonçalves, 2018: 56-57). Entre a colocação dos primeiros alicerces em fevereiro de 1919, em terrenos da Quinta e Largo de Belmonte à Ajuda, e a inauguração formal do bairro a 31 de janeiro de 1934 (pelo presidente general Óscar Carmona, acompanhado do presidente do Conselho, António de Oliveira Salazar, e do ministro das Obras Públicas, Duarte Pacheco), mais de 14 anos depois, a República portuguesa deu lugar à Ditadura Militar, primeiro (1926-1933), e depois a uma ditadura civil (1933-1974). Entretanto, as tentativas de envolver a iniciativa privada na promoção de habitação acessível foram reiteradas em 1928, e complementadas em 1933, com o lançamento de uma política ativa de intervenção direta do Estado na resposta às necessidades dos grupos socioprofissionais dele dependentes. O contexto mudara, os regimes também, e o bairro da Ajuda ficou como raro testemunho construído da ambição política de, em 1918, envolver a coisa pública no aliviar do problema — afinal, o decreto fundador desta história apostava sobretudo nas facilidades concedidas a privados e somente admitia que coubesse ao Estado a construção de bairros ou de grupos de casas «em circunstâncias especiais e urgentes [que] assim o aconselhem». A ênfase estava no privado, não no público.

E se logo a 29 de abril de 1918 fora aberto a favor do Ministério do Comércio (a quem cabiam então as competências das Obras Públicas) um crédito de 500 mil escudos para compra de terrenos e construção de 120 casas em Lisboa e cem no Porto, apenas em abril de 1920 teve início, segundo o projetista e diretor técnico da obra, o engenheiro Joaquim Craveiro Lopes, o «período activo e fecundo» do grupo de Casas Económicas da Ajuda, com o fecho do projeto, a aprovação das plantas das casas e a instalação de redes de águas e saneamento (Tiago, 2010: 27). A versão definitiva compreendia blocos de apartamentos com escada interior coletiva e logradouros ajardinados, escola primária, esquadra de polícia, estação de bombeiros, balneário e lavadouro públicos, posto médico, reservatório de água e lojas: isto é, um novo bairro da cidade, completo e autossuficiente, erguido entre áreas consolidadas (envolvente do Convento e Igreja de Nossa Senhora da Boa-Hora e da Calçada da Ajuda) de uma forma que procurava cerzir a nova malha urbana com as antigas. Foram concretizadas ali 264 casas (com entre duas e cinco divisões) e 19 lojas.

Figura 2 — «Aspecto do Bairro Social da Ajuda», Lisboa
Fotógrafo não identificado, 25 de janeiro de 1934, ANTT/EPJS

As circunstâncias do momento refletiram-se no empreendimento da Ajuda/Boa-Hora. O período da Primeira República,
fecundo em mudanças de governo e de política, viu delinear-
-se no campo da habitação apoiada em Portugal uma situação
insólita, que complicou a prossecução dos projetos públicos
decorrentes da legislação de 1918: às iniciativas lançadas através
do Ministério do Comércio juntaram-se, logo em 1919, as relativas a outro plano, distinto e mais ambicioso, do Ministério do
Trabalho, para realização de novos «Bairros Sociais». Ou seja: a
partir de abril de 1919 a capacidade de endividamento do Estado
português e as prioridades políticas do governo dividiram-se na
materialização de dois diplomas distintos, produto de momentos

consecutivos, mas ideologicamente diversos. Em 1918, o governo de Sidónio Pais pretendera atualizar a legislação nacional introduzindo medidas de fomento ao investimento privado na habitação acessível, num quadro em que o Estado era apenas mais um agente realizador. Finda a Primeira Guerra Mundial, morto Sidónio Pais (em dezembro de 1918) e restaurada a chamada República Velha (a linha política de 1910), foi o Ministério do Trabalho do socialista Augusto Dias da Silva que, no âmbito do reforço generalizado da intervenção do Estado e da idealizada garantia do direito social à habitação, lançou a compra de terrenos e materiais para erigir um «primeiro bairro com mil habitações independentes», com 250 mil escudos de crédito do Ministério das Finanças — plano ampliado, dias depois, para abranger cinco bairros a construir em Portugal.

Tal como em 1918, justificava-se esta nova iniciativa — em primeiro lugar — com a necessidade de «empregar o pessoal das obras públicas e moralizar e tornar útil a sua produção»: a habitação acessível como instrumento, recorrente, de aliviar crises de emprego na construção civil. Outros considerandos incluíam, naturalmente, o imperativo de «construir, quanto antes, bairros operários com habitações higiénicas, agradáveis e cómodas, de harmonia com os direitos e necessidades de quem trabalha e produz», oferecendo «condições para o gozo da saúde, para o desenvolvimento físico, formação e educação moral e intelectual, aperfeiçoamento profissional e para o amparo, repouso e tratamento de doenças» — para o que se impunha «prever e rodear esses bairros, que se forem edificando, de lavandarias, balneários, campos de desportos, teatros, escolas profissionais, cantinas, casas de saúde e jardins». Num contexto de renovadas reivindicações sociais republicanas, a retórica dos novos bairros — chamados ora «operários» ora «sociais» — insistia no direito «de quem trabalha e produz» a ter não só emprego mas também boas condições de alojamento.

O primeiro grupo de «habitações independentes» (por oposição ao sistema de partes de casa, recurso de muitas famílias de baixos rendimentos) foi erguido em Lisboa, na Quinta das Cortes ao Campo Pequeno, e designado Bairro do Arco do Cego; participaram no projeto os arquitetos Arnaldo Adães Bermudes, Frederico Caetano de Carvalho e Edmundo Tavares. O plano do Ministério do Trabalho — três «bairros sociais» em Lisboa, um na Covilhã e outro no Porto — teve, ao contrário da iniciativa sidonista de 1918, ampla difusão, com os atos de «colocação da pedra fundamental» das obras, aproveitados como ocasiões de propaganda política: destes bairros esperava-se — nada menos — que «poderosamente [contribuíssem] para a unificação do povo com a República», nas palavras do presidente António José de Almeida (cit. *in* Tiago, 2010: 41). A atenção intensa de governantes e imprensa ao processo (que ao longo da politicamente agitada década de 1920 passou de positiva a fortemente negativa), a incapacidade de administração das obras e a instabilidade financeira do país terão produzido três consequências imediatas: o fracasso do plano enquanto tal (suspenso em 1922), a concentração de todos os esforços do Ministério do Trabalho no Arco do Cego (em 1925), e a relativa discrição com que foi crescendo, em paralelo, o Bairro da Ajuda/Boa-Hora, produto de iniciativa também oficial, mas «concorrente». As narrativas consagradas sobre habitação apoiada em Portugal colocam, invariavelmente, o Arco do Cego como pioneiro das iniciativas públicas, muitas vezes omitindo o seu antecessor de 1918: um protagonismo garantido à nascença e, desde então, nunca comprometido.

Figura 3 — «As Novas Edificações do Bairro do Arco do Cego», Lisboa
Fotógrafo não identificado, 5 de maio de 1933, ANTT/EPJS

A concretização do Bairro da Ajuda/Boa-Hora, embora corresse por outro serviço do Estado e se mantivesse à margem do debate público que afetou o projeto do Arco do Cego, sofreu também atrasos sérios, sem chegar a ser suspensa: em abril de 1926 estavam concluídas apenas 48 casas, em 32 edifícios; 37 edifícios permaneciam inacabados (Tiago, 1997: 154). Em 1930, a imprensa de Lisboa denunciava a existência na Ajuda de 144 «casas prontas, baratas, com relativas comodidades, com ar, com luz, com fáceis comunicações», mas ainda desabitadas (cit. *in* Tiago, 2010: 53). O impasse terminou em 1932, quando a orgânica governativa voltou a autonomizar as Obras Públicas e foi nomeado ministro Duarte Pacheco: o Estado central decidiu então concluir os dois bairros de Lisboa (Ajuda/Boa-Hora e Arco do Cego, agora reunidos sob uma mesma alçada) e o do Porto (Arrábida) e distribuir os fogos segundo os princípios do novo regime jurídico das Casas Económicas, decretado em 1933.

Como adiante veremos em pormenor, os princípios de distribuição de casas estabelecidos em 1933 eram abertamente diferentes dos subjacentes às iniciativas republicanas de 1918 e 1919. Se nestas a preocupação era definir tetos máximos para as rendas em função da dimensão dos fogos — sem detalhar o perfil socioprofissional dos destinatários —, no primeiro programa de habitação apoiada do Estado Novo os bem-definidos critérios determinavam que as casas se destinassem prioritariamente a funcionários dos quadros permanentes do Estado e trabalhadores filiados nos sindicatos nacionais. Em consequência, uma vez inaugurado, o Bairro da Ajuda/Boa-Hora foi ocupado por estes dois grupos, com o primeiro representado, na maioria, por membros das Forças Armadas e Policiais — o que explica o epíteto popular de «Bairro dos Coronéis» desde então atribuído ao conjunto. No Bairro do Arco do Cego, as casas (de entre cinco e nove divisões) foram entregues a empregados de escritório e banca, funcionários ministeriais e camarários e, entre outros chefes de família, 19 profissionais liberais (Tiago, 2010: 68).

Não foram, afinal, as famílias de operários, cujas muito deficientes condições de vida serviram para justificar os projetos da República, a ocupar as primeiras «casas baratas» erguidas pelo Estado na capital. Quando por fim concluídos, os bairros da Ajuda/Boa-Hora (1934) e Arco do Cego (1935) não apenas se encontravam arquitetonicamente ultrapassados — mais característicos, no contexto internacional, da viragem do século do que da década de 1930 — mas também eram formal, funcional e ideologicamente diferentes dos modelos fundiários, habitacionais e urbanos que o Estado Novo veio a privilegiar no arranque da sua vigência.

Casas para Todos
(Os Apoiantes do Regime):
As Casas Económicas
de 1933

Ao discursar na inauguração do Bairro do Arco do Cego em
Lisboa, em 10 de março de 1935, o subsecretário de Estado das
Corporações e Previdência Social Pedro Theotónio Pereira deixou muito clara a intenção do governo ao decidir a que famílias entregar as 481 casas finalmente concluídas: àquelas que os
seus serviços consideravam merecedoras deste «justo prémio»,
recompensa por se integrarem «no espírito de paz social [...]
baseada nos princípios da ordem nova» e por demonstrarem
«entusiasmo e lealdade» pelo novo regime (cit. *in* Tiago, 2010: 71).

A lógica subjacente ao novo modelo de Casas Económicas,
introduzido em 1933, não poderia ter sido apresentada de modo
mais transparente: estas seriam casas para os apoiantes do
regime, não para os mais necessitados.

Com efeito, a inclusão do decreto-lei que autorizava o
governo a promover a construção de Casas Económicas no
conjunto dos seis primeiros diplomas corporativos do Estado
Novo, publicado em 23 de setembro de 1933, era já sintomática
da importância da vertente política, fundacional, do programa;
para se avaliar o seu peso relativo, note-se que os restantes

decretos-leis publicados no mesmo dia instituíram o Estatuto do Trabalho Nacional, as bases para criação dos grémios como organismos corporativos das entidades patronais, a reorganização dos sindicatos nacionais, as Casas do Povo, e o Instituto Nacional do Trabalho e Previdência (INTP), no Subsecretariado de Estado das Corporações e Previdência Social (dependente da Presidência do Conselho de Ministros). A participação da esfera pública na resolução da carência de habitação acessível entre setores bem definidos da sociedade — aqueles mais bem posicionados para vir a beneficiar da nova ordem, logo apoiando-a ou, pelo menos, não a perturbando — foi prioritária no exercício de governo por Salazar.

Esta prioridade do programa de 1933 nunca foi escamoteada: provam-no tanto o discurso de Theotónio Pereira acima citado, no arranque do mesmo, quanto inúmeras outras situações em que os serviços envolvidos foram levados a esclarecer os propósitos e âmbito da sua ação. Por exemplo, em 1940, o organismo responsável pela gestão do novo parque edificado residencial público (o INTP) dirigia-se ao serviço das Obras Públicas encarregado do seu projeto e realização, expondo:

«Como é do conhecimento de V. Exa. alguns dos bairros de Casas Económicas entregues a este Instituto têm sofrido constantes reparações por defeitos e deficiências verificadas na construção, o que vem trazer quase sempre embaraços na distribuição por tal constar entre os pretendentes às moradias.

Estes factos têm geralmente repercussão no campo político, o que compete a este Instituto evitar, pois [é este] quem 'superintende na realização dos fins económicos e sociais das Casas Económicas...'.

Nestas condições, foi resolvido que de futuro este Instituto não receba quaisquer bairros económicos sem que do respectivo auto de entrega conste a declaração de não existência de quaisquer imperfeições de construção, e que, se acaso tal for verificado, essa Direção-Geral se compromete, pelo menos dentro do prazo de um ano, a reparar ou refazer, sem o mínimo encargo para o Fundo das Casas Económicas, todas as moradias onde se hajam verificado defeitos de construção.»

(cit. *in* Agarez, 2018: 20)

O teor desta reclamação mostra como estava em causa a prossecução de uma política de apoio à habitação com estratégicos «fins económicos e sociais», nomeadamente a manutenção de um campo político de feição ao regime através da distribuição de casas a grupos socioprofissionais importantes para a sua implantação e consolidação. Por outro lado, ela indicia, após seis anos de colaboração entre os dois principais agentes do processo, algumas das dificuldades que marcaram o funcionamento da estrutura bicéfala que Salazar, com Pedro Theotónio Pereira como subsecretário de Estado das Corporações e Previdência Social, instituiu em 1933. De acordo com esta estrutura, o Ministério das Obras Públicas e Comunicações superintendia na construção das Casas Económicas, competindo-lhe aprovar projetos e orçamentos, escolher e urbanizar terrenos, promover e fiscalizar a construção, administrar as verbas postas à sua disposição para a construção, e fiscalizar obras de conservação e benfeitorias; para tal foi criada a Secção de Casas Económicas na Direção-Geral dos Edifícios e Monumentos Nacionais (DGEMN). À Subsecretaria de Estado das Corporações e Previdência Social cabia, por sua vez, concretizar os «fins económicos e sociais» do programa, nomeadamente: aprovar os planos de distribuição das casas, intervir em atos de transmissão de propriedade, velar pelo cumprimento das obrigações dos moradores adquirentes, fiscalizar a cobrança de prestações, pagar e conceder seguros (de vida, incêndio, doença e desemprego), velar pela higiene dos agrupamentos ou bairros, e promover o reembolso dos capitais investidos na construção de Casas Económicas segundo planos de amortização aprovados. O mesmo diploma criava o Fundo das Casas Económicas, cujas importâncias eram depositadas na Caixa Geral de Depósitos à ordem do INTP; competia depois à Repartição das Casas Económicas do instituto disponibilizar à DGEMN a importância global destinada, em cada ano, à construção de Casas Económicas.

A lei definia o regime a adotar — de «propriedade resolúvel» ou «imperfeita», em que o pagamento de renda mensal resultava na propriedade plena ao fim de 20 anos — e o perfil do potencial «morador-adquirente»: as novas casas seriam distribuídas «aos chefes de família, empregados, operários ou outros assalariados, membros dos sindicatos nacionais, funcionários públicos, civis e militares, e operários dos quadros permanentes de serviços do Estado e das câmaras municipais, que se responsabilizarem pelo pagamento» das 240 prestações mensais. Os beneficiários do programa ficavam obrigados «a constituir com a casa que ocupem um casal de família [indivisível e ina-lienável, voluntária ou coercivamente] e a assegurar a trans-missão deste por sua morte». As novas casas, de dois níveis de renda (classes A, inferior, e B, superior) e três tipologias por classe, em função da dimensão do agregado familiar, ficavam isentas de contribuição predial e taxas camarárias por dez anos.

Segundo as regras instituídas no diploma para distribui-ção e aquisição das moradias, a filiação em sindicato ou o vín-culo laboral a serviço público eram condições necessárias para inclusão no programa. Aos sindicatos nacionais eram destina-dos pelo menos 75 % das moradias da classe A, com o restante reservado a empregados do Estado e municípios; a cada grupo (sindicalizados e empregados públicos) cabiam 50 % das casas da classe B. Os pretendentes não poderiam ter menos de 21 e mais de 40 anos de idade; aos sindicalizados era exigida prova de emprego regular e bom comportamento moral e profissio-nal; as direções sindicais, a quem competia estabelecer a ordem de preferência dos pretendentes, sujeitavam-se a «normas de equilíbrio e justiça social» prescritas pelo governo e, para a dis-tribuição definitiva das casas, à aprovação deste.

Ainda que a lei admitisse a possibilidade de amortização antecipada das casas ao fim de cinco anos, pelos que provassem «estar habilitados a fazê-lo sem prejuízo do equilíbrio da vida económica e social do respectivo agregado familiar», resulta clara a forma como o modelo de propriedade resolúvel tinha condições para estabelecer, na maior parte dos casos, um vín-culo duradouro entre os moradores e o Estado, que, através do INTP, se tornava seu senhorio temporário; se notarmos como, no caso dos empregados públicos, aquele somava o papel de senhorio ao de empregador, compreenderemos a verdadeira força da relação agora estabelecida e a potencial eficácia deste modelo no desencorajar de reivindicações em qualquer das frentes (emprego ou casa). De resto, é significativa a própria designação do tipo de propriedade preconizado: «Resolúvel» porque, nos termos do Código Civil, o título podia ser revogado pela Administração independentemente da vontade do adquirente, por motivos que incluíam o «mau comportamento moral ou social» de um membro do respetivo agregado familiar.

Em suma: com o programa de Casas Económicas de 1933, o Estado mostrava-se interessado em assumir o papel de proprietário e senhorio de habitação, desde que de um modo transitório: a opção por uma responsabilidade efémera permitir-lhe-ia iniciar no caminho da propriedade plena os que se mostrassem a favor da Situação, premiando e controlando a sua base de apoio (sobretudo urbana, neste caso); e ainda libertar-se, a prazo, daquele papel — e dos respetivos encargos, previsivelmente agravados ao fim de 20 anos de utilização intensa. A ideia do cidadão-proprietário de casa, transmitida de pais para filhos, como um garante da estabilidade sociopolítica, estava mesmo enraizada na filosofia do regime, e bem patente na frase de Salazar: «Para o nosso feitio independente e em benefício da nossa simplicidade morigerada, nós desejamos antes a casa pequena, independente, habitada em plena propriedade pela família.» (cit. *in* INTP, 1940) A obrigatoriedade de constituição de um «casal de família» pelos moradores-adquirentes apontava desde logo para o modelo de moradia unifamiliar eleito para este programa.

Não deve impressionar-nos especialmente o calculismo desta estratégia de governo: é, até certo ponto, natural que um regime baseado na limitação de direitos e liberdades civis visse na disponibilização de habitação acessível uma oportunidade de compensar os seus apoiantes por tais condicionamentos, assegurando a satisfação das suas necessidades básicas a troco do apoio, implícito ou explícito, à sua governação. Por outro lado, note-se que Portugal atravessava de novo, em 1933, uma «crise de desemprego», e a construção de habitação subsidiada pelo Estado era, uma vez mais, uma forma indireta de responder àquela crise; o diploma das Casas Económicas admitia que, enquanto perdurasse a «crise», a comparticipação do Estado (50 %) em iniciativas municipais e de corporações administrativas fosse feita precisamente pelo chamado Fundo de Desemprego.

Criado em 1932, sob o lema «Não se dão esmolas, procura dar-se trabalho» (atribuído a Duarte Pacheco, ministro das Obras Públicas e Comunicações), o Comissariado do Desemprego foi uma das instituições basilares da política de Obras Públicas do Estado Novo — o veículo escolhido para, canalizando percentagens de salários pagos («patronato») e recebidos («pessoal») reunidas num Fundo de Desemprego, enfrentar tanto a carência de emprego endémica nos setores mais carenciados da população portuguesa quanto a urgente necessidade de infraestruturação do País. A criação do Comissariado e canalização do Fundo correspondente para mitigar conjuntamente carências laborais e infraestruturais do País fizeram parte de um pacote legislativo que instituiu ainda a figura de «Melhoramentos Urbanos», a subsidiar pelo Fundo para colocação de desempregados «urbanos». Estes melhoramentos eram definidos, em 1932, como «obras de interesse local e vantagem colectiva a executar fora dos grandes centros, compreendendo a realização de planos de urbanismo, a construção, transformação e reparação de escolas primárias, escolas profissionais elementares, liceus municipais, hospitais e outros edifícios de assistência, museus e monumentos nacionais» — uma classificação cuja abrangência foi crescendo ao longo do tempo e que incluiu, logo a partir de 1934, a construção de Casas Económicas. Mesmo se apresentado como apenas transitório (limitado à duração da «crise de desemprego») no lançamento do programa das Casas Económicas em 1933, o papel da fórmula de financiamento Fundo de Desemprego/Melhoramentos Urbanos foi na verdade crucial na materialização deste e de outros programas de habitação apoiada pelo Estado, em particular dos denominados «Casas para Famílias Pobres» e «Casas para Pescadores», a partir de 1945.

A arquitetura dos bairros de Casas Económicas tem concentrado nas últimas décadas a atenção daqueles que se interessam pelo programa: por regra, tem-se visto naquela a epítome do sistema de valores salazarista materializado em formas edificadas domésticas — e muito especialmente na tão-discutida «Casa Portuguesa». Este fenómeno do Romantismo tardio, explorado pela etnografia e antropologia nacionais em finais de Oitocentos, foi introduzido nos processos de criação do ambiente construído por figuras especiais como o arquiteto Raul Lino, formado na Alemanha e Inglaterra e ali influenciado por correntes Artes e Ofícios, que propunham o retorno da arquitetura erudita ao saber-fazer artesanal. Lino, também interessado no lado tecnológico e material da questão, revelou-se especialmente popular no desenvolvimento da faceta estilística, cedo passando da tentativa de síntese dos principais traços comuns à casa popular no território português (a «Casa») ao seu desdobramento em variantes regionais (*Casas Portuguesas*, também o título que deu à obra publicada em 1933, um dos livros portugueses de arquitetura mais vendidos de sempre).

Raul Lino esteve, de facto, diretamente relacionado com o programa de Casas Económicas na sua fase de arranque. Há um paralelo claro entre a posição nacionalista de Lino e a retórica oficial sobre o tema. Desde logo, quanto aos modelos de propriedade e habitação a adotar, que defendeu em termos tão próximos dos de Salazar:

«Nem a americanização dos costumes, nem as tendências colectivas de novas organizações conseguiram ainda debelar o anseio natural e instintivo no Homem de possuir habitação própria e independente para si ou para a sua família. Pode ser muito bela a vida em comunidade, útil ou conveniente o aquartelamento ou a habitação colectiva, quer seja à sombra da cruz e da espada, quer à da foice e do martelo ou à de uma simples moeda de oiro; não serve este viver, porém, a todo o Mundo [...] cuidemos antes de facilitar a realização dum sonho que continua a ser muito humano e que [...] cada vez mais se justifica — o sonho de uma moradia própria, independente, ajeitada à nossa feição, e adereçada ao nosso gosto; reduto da nossa intimidade, último refúgio do indivíduo contra a investida de todas as aberrações do colectivismo.» (Lino, 1933: 9-11)

Em 1933, no mesmo ano em que *Casas Portuguesas* foi publicado, a lei das Casas Económicas definiu os parâmetros para o seu desenho: «serão moradias de família, com quintal», concebidas de forma a que os tipos mais simples pudessem ser transformados, por ampliação, nos mais complexos; o generoso quintal (entre cem e 200 metros quadrados) previa de resto a «provável ampliação de futuro» das moradias pelos proprietários-adquirentes (que a tal eram encorajados, recebendo uma cópia do projeto original da sua casa). O modelo eleito de casa com quintal tinha afinal subjacente um motivo claramente pragmático, de admitir a evolução e expansão das necessidades familiares no tempo, e não visava apenas, como é recorrentemente apontado, a prática de cultivos de subsistência e a reprodução da imagem bucólica da casa rural, privilegiada pela retórica de Salazar. Note-se por fim como a lei determinava que, embora os projetos fossem definidos a partir do centro para as províncias — elaborados pela DGEMN ou por esta adquiridos —, o programa teria em conta a diversidade de contextos regionais: «Os projectos das moradias económicas, os sistemas de construção e os materiais serão variáveis de região para região, e na sua elaboração ou escolha deverá procurar-se o emprego, ao máximo, da mão de obra e materiais nacionais.»

A diversidade regional preconizada no diploma coincidia precisamente com aquilo que Raul Lino vinha, na sua prática conservadora, defendendo desde há muito:

«Nunca se pergunte em que estilo se vai construir. É lógico que se construa no estilo da região. É natural que se respeitem tradições locais, que adoptemos processos de mão-de-obra experimentados, que nos sirvamos dos materiais circunjacentes. Assim se fez sempre noutras épocas, assim se faz hoje em outros países onde as aldeias e as vilas conservam (melhor do que as cidades) todo o seu carácter regional. E faz-se isto sem esforço — só porque é lógico que assim se proceda.» (Lino, 1918: 26-27)

Lino começou a desenhar casas económicas para a DGEMN logo em março de 1934 e, em junho, foi formalmente contratado como «um arquitecto especializado [que] de há muito vem consagrando a sua melhor atenção ao estudo da Casa Portuguesa» (cit. *in* Agarez, 2016: 64-65). Nesta secção, Lino foi responsável até 1938 pelos projetos dos conjuntos das Condominhas e do Ilhéu (no Porto, com Joaquim Madureira), da Serafina e de Belém/Terras do Forno (em Lisboa), de Bragança e de Vila Viçosa (cf. Pereira, Queirós, Silva e Lemos, 2018) Mas destaco aqui o pioneiro Bairro de Casas Económicas de Portimão como particularmente simbólico, tanto do modo como as ideias iniciais do Estado Novo sobre o programa encontraram expressão urbana e arquitetónica neste primeiro trabalho de Raul Lino quanto da forma expedita como o governo quis pôr em prática o seu novo programa.

É conhecida a atenção dedicada por Salazar à indústria conserveira no contexto da economia nacional; no campo da habitação apoiada, ela traduziu-se no acordo feito em 1934 entre o Ministério das Obras Públicas e Comunicações e o

Consórcio Português de Conservas de Peixe para o projeto e construção do primeiro lote de bairros de Casas Económicas, destinados aos trabalhadores das empresas deste organismo em Portimão, Olhão, Setúbal e Matosinhos. Acontece que o conjunto de Portimão fora já lançado por iniciativa individual de Cayetano Feu, importante industrial conserveiro, mas as obras foram interrompidas pela crise que a indústria sofreu em 1933. Feu conseguiu então que o governo (com a intervenção direta de Salazar) adquirisse o terreno e as estruturas inacabadas; reformulado o projeto segundo os novos padrões, ampliado para cem fogos e inaugurado em junho de 1936 — alardeado na imprensa como «Uma Obra de Salazar» —, este bairro transformou-se na primeira concretização do programa no Algarve e no seu cartão de visita.

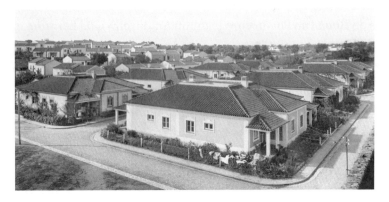

Figura 4 — Bairro Operário/de Casas Económicas, Portimão
Fotógrafo não identificado, c. 1936, ANTT/SNI

As paredes das casas de Portimão, seguindo a técnica local, foram construídas em taipa (barro compactado *in situ*) por ser este o sistema mais económico e consentâneo com as capacidades da mão de obra disponível, seguindo-se assim o princípio pragmático de empregar os processos construtivos e materiais mais comuns, sempre que possível; pela mesma razão insistiram os serviços da DGEMN na utilização da tradicional telha meia-cana em vez da mais moderna telha Marselha, produzida industrialmente e por norma prescrita nos projetos. Também as plantas das casas, de áreas mínimas e tipologia ampliável de um para três quartos, coincidiam com a prática local ao dispor as divisões em redor do compartimento (sala) de entrada — uma versão contemporânea da chamada «casa de fora» algarvia. No exterior, Lino fugiu à frugalidade que o programa preconizava, dotando as casas maiores (preexistentes) de generoso alpendre telhado e as menores de molduras decorando os vãos — procurando assim aproximar a realidade dos seus modelos publicados (teóricos) de «Casas Portuguesas» (Agarez, 2016: 66-67). As pequenas moradias de Portimão ajustavam-se bem à ideia de bairro de habitação acessível formulada em 1933, muito dependente de ideais como a intimidade e autonomia do núcleo familiar e a escala humana dos pequenos aglomerados: as ruas sinuosas, a diversidade de cota de implantação e tipo de casa jogavam a favor da criação de uma atmosfera de aldeia, aperfeiçoada e regularizada, que parecia traduzir perfeitamente o modelo que o governo português quis, na década de 1930, apresentar como preferível para bairros apoiados a erguer em núcleos urbanos de pequena e média dimensão.

Para um exemplo de modelo a adotar nos grandes centros, também significativo da importância do pragmatismo — dos materiais e técnicas locais adotados — na concretização bem-sucedida das iniciativas, podemos olhar para o muito mais conhecido Bairro do Alvito em Lisboa. As suas 152 casas, embora implantadas na transição entre a cidade e o parque de Monsanto, compõem um aglomerado de marcado caráter urbano: o jardim, a escola e a biblioteca formam um claro eixo de simetria; o declive é aproveitado para conferir monumentalidade ao conjunto; e a malha é densa, citadina, com blocos de dois e três pisos dispostos em fiadas paralelas, mas desfasados entre si. O arquiteto Paulino Montez, que desenhou o bairro em 1936 para a Caixa de Socorros e Reformas dos Operários e Assalariados da Câmara Municipal de Lisboa, escolheu acentuar esta urbanidade, utilizando volumes paralelepipédicos com coberturas planas (em terraço) — uma forma engenhosa de, nos blocos de duas moradias sobrepostas, dar à do primeiro andar um espaço de logradouro privado equivalente ao oferecido à do rés do chão; uma espécie de açoteia algarvia transplantada para a capital. O projeto mostrava também, com esta escolha, uma simpatia pela arquitetura moderna internacional bem distante da desconfiança patente no contextualismo regionalista de Raul Lino em Portimão; até a decisão, incomum, de erguer no Alvito blocos de apartamentos e não apenas moradias individuais e térreas sugeria um tratamento arquitetónico diferente.

Figura 5 — «Bairro Económico do Alvito. Algumas das Casas
em Construção para os Operários da Câmara Municipal de Lisboa»
Fotógrafo não identificado, 15 de setembro de 1937, ANTT/EPJS

Como afirmou Pedro Castro e Almeida, do INTP, «em vez
dos grandes blocos de edifícios com muitos andares e muitas
habitações, sistema adoptado em alguns países porque aí tinha
cabimento e vantagem, optámos nós pela 'casinha' isolada, para
uma só família, com seu quintal e seu jardim» (cit. *in* INTP,
1940). Na verdade, assim foi, em geral — e não só porque o
modelo da «casinha» isolada reunia a preferência ideológica
de Salazar e arquitetónica de Raul Lino, como a narrativa histórica sobre o tema, em Portugal, gosta de frisar: em reforço
das motivações ideológicas e arquitetónicas, a administração
desenvolveu todo um argumento económico em defesa deste
modelo, por comparação com os edifícios de apartamentos

para habitação apoiada projetados no período republicano. Em junho de 1938 — quando em Lisboa se inauguravam bairros de «casinhas» no Alto da Ajuda e em Belém/Terras do Forno, produtos da legislação de 1933 —, os serviços da DGEMN compararam o trabalho feito «dentro do Estado Novo» e «anterior à política do 28 de Maio» em gráficos eloquentes: se antes da «Revolução Nacional» de 1926 os 748 «andares-moradias sem equipamento e jardim» erguidos em «uma cidade» (Lisboa) e «dois locais» (Ajuda/Boa-Hora e Arco do Cego) implicaram a despesa de 113 500 escudos por «andar-moradia», a «política dos bairros económicos depois do 28 de Maio» realizara 3133 «moradias independentes com equipamento e jardim» em «18 cidades e vilas» e «29 locais», pela quantia de 13 400 escudos por moradia. O investimento considerável feito durante 15 anos para concluir os Bairros Sociais de 1918-1919 foi muito útil, afinal, quando se quis defender as Casas Económicas como «casinhas» independentes, financeiramente viáveis e mesmo vantajosas — muito mais baratas — quando comparadas com os apartamentos em andares, antes preconizados como melhor solução para o problema.

A obra do bairro do Alvito arrastou-se devido justamente às dificuldades trazidas pela escolha do terraço como solução--padrão para coberturas; em Portugal, a adoção deste elemento essencial da arquitetura moderna internacional foi problemática desde as primeiras experiências na década de 1920, com técnicas, materiais, conhecimento e mão de obra incapazes de garantir a resistência (isolamento) e durabilidade necessárias. Ao defender soluções locais e experimentadas (casas térreas e telhados, sem betão armado), serviços e projetistas evitavam imprevistos como este: as casas do Alvito avançaram rapidamente entre 1936 e 1938, mas a deficiente impermeabilização dos terraços foi adiando a entrega definitiva do bairro ao INTP, para distribuição, o que aconteceu somente em 1944; os protestos de moradores e o descrédito da operação — causa dos «embaraços» políticos expressos em 1940 na reclamação do instituto, acima citada — justificaram refazer as coberturas com telhados de quatro águas, o que alterou para sempre a imagem do conjunto. «Portuguesa» ou não, a fórmula convencional de casa individual — quatro paredes; telhado; chaminé — impôs-se assim como a solução mais pragmática para realizar o primeiro programa do Estado Novo de habitação apoiada por iniciativa pública.

«Da concepção eminentemente renovadora da família como célula social, restituída à plenitude do seu prestígio histórico, e da ideia da sua protecção necessária resultava um regime legal que tendia a fortalecê-la e consolidá-la pela garantia de um lar autónomo e confortável.

Encetava-se uma obra que [...] através da constituição de bairros inteiros de moradias económicas, alegres e sadias, [...] permitiam encarar a formação de uma categoria de pequenos proprietários, chamados a desempenhar um papel de relevo na conservação da ordem social.» (Decreto-lei n.º 35.611, 1946: 301)

No discurso governamental que, desde 1933, foi revendo e regulando a produção e atribuição de Casas Económicas, parece, com efeito, digna de nota a ênfase posta na capacidade da habitação para sustentar a estabilidade da ordem vigente, tanto pública quanto privada. Em relatório interno do Ministério das Corporações e Previdência Social de 1962, ainda se insistia na «função eminentemente familiar» das Casas Económicas: «por isso a lei deseja que os seus beneficiários instituam com elas casais de família tornando-as assim impenhoráveis e inalienáveis.» Pelo apoio à posse da casa, o regime procurava garantir a sua continuidade através das gerações — não apenas na primeira (dos moradores-adquirentes) mas também nas sucessivas. Mais: o mesmo relatório traduzia ainda como, na retórica oficial do início da década de 1960, dos bairros de Casas Económicas se esperava que encorajassem a harmonia entre diferentes estratos sociais. As quatro «classes» de casa então existentes difeririam em qualidade de construção e, consequentemente, na renda; nas classes A e B «habitam famílias cujos chefes são, normalmente, operários, empregados ou funcionários públicos subalternos», ao passo que nas classes C e D «habitam famílias cujos chefes são [...] empregados ou funcionários públicos de condição económica e social mais elevada e que se incluem no conceito de classe média». Nos agrupamentos mais recentes em Lisboa e Porto haviam sido incluídas moradias de todas as classes e, na sua disposição, evitavam-se os «alinhamentos» por classes — pelo contrário, procurava-se «obter com as moradias das diversas classes uma disposição tal que permita ou possa contribuir para o estabelecimento de certas relações de vizinhança ou de convivência entre os moradores de classes diferentes». A casa apoiada para grupos próximos da esfera de poder começara por ser um instrumento-chave para prevenir a tensão social e tornara-se, com o tempo, um mecanismo de coesão (teórica) entre classes.

Segundo dados oficiais do Comissariado de Desemprego, entre 1932 e 1972 o Fundo de Desemprego comparticipou na construção de 258 bairros de Casas Económicas em Portugal, com um total de 63 908 900 escudos. Os mais recentes levantamentos sobre a produção de habitação apoiada no período apuraram, contudo, totais bastante inferiores (73 agrupamentos identificados na base de dados «Mapa da Habitação»; 77 bairros inventariados no estudo de Pereira *et al.*, 2018), o que sugere, além de possíveis desacertos na definição e outras variações metodológicas, que esta relativamente famosa medida de política é afinal, hoje, bem menos conhecida do que julgamos. Como aconteceu com todas as iniciativas lançadas nestes cem anos, as Casas Económicas traduziram-se em conjuntos pulverizados pelo território nacional, exigindo um trabalho de investigação com grande incidência em fontes locais, de prossecução exigente.

O programa lançado em 1933 foi, como vimos, um dos mais emblemáticos do Estado Novo; naturalmente, os seus princípios fundamentais foram questionados, e o seu regime jurídico alterado, logo nos primeiros anos do pós-25 de Abril. Em 1975, por exemplo, no novo Regulamento para Atribuição de Habitações Sociais, resultante da experiência desenvolvida no agrupamento habitacional de Agualva-Cacém — o último grande conjunto de Casas Económicas realizado —, foram extintos requisitos e mecanismos particularmente representativos da estratégia sociopolítica que lhe estava subjacente, tais como a obrigatoriedade de constituição de casal de família, as comissões de fiscalização dos bairros e o cargo de fiscal de bairro; e, em 1976, quis-se enfim compensar os moradores-adquirentes a quem o direito à propriedade plena de uma casa fora retirado «por razões puramente políticas [em] medidas repressivas e de discriminação», através da entrega aos lesados de uma nova moradia.

Casas de Outros, para Outros:
A Multiplicação de Regimes
no Pós-Guerra

Fevereiro de 1936. Fernando Jácome de Castro, engenheiro-
-chefe da Repartição de Obras de Edifícios da DGEMN e como
tal responsável pelo programa de Casas Económicas nos serviços de Obras Públicas, expunha, em balanço dos primeiros
anos da política, alguma frustração: as casas eram «realmente
destinadas a famílias cujo salário diário não [fosse] inferior a
15 ou 18$00 nos 26 dias úteis de cada mês. Não tenho nenhuma
dúvida que há muita e muita gente quer na classe operária quer
na de pequenos funcionários para quem esta solução é absolutamente conveniente e satisfaz». Mas, continuava:

> «Também não tenho dúvida em afirmar que o problema da
> habitação para as classes mais pobres não pode ser exclusiva-
> mente resolvido pelas Casas Económicas tal como está sendo
> encarado dentro do Decreto n.º 23.052. Considero esta acção
> como uma parte do muito que é preciso fazer.
>
> Ora a minha impressão é que os Municípios vendo o problema
> dentro do seu critério desejariam de preferência atacar o pro-
> blema, não como preceitua o Decreto [...] mas sim directamente
> pelos bairros de lata e clandestinos.

É nitidamente um problema municipal que os Municípios sentem certamente não poder resolver sem a ajuda ou interferência do Governo. [...]

Com efeito a miséria de salários do nosso meio é tal que a maior parte dos habitantes dos célebres bairros clandestinos e de barracas de lata não podem pagar rendas comparáveis com as fixadas para as Casas Económicas nem elas realmente foram, segundo julgo, estabelecidas para eles.

Por outro lado, a existência desses agrupamentos imundos é absolutamente justificada, quando pensarmos que a maior parte da gente que aí se pretende abrigar não tem possibilidade em encontrar qualquer casa com renda acessível à sua bolsa. [...]

Não há de facto nem em Lisboa nem no Porto, para não falarmos noutros locais, casas de habitação, com rendas acessíveis aos mais modestos trabalhadores. Durante muitos anos nada se fez que facilitasse a construção de casas para pobres. [...] Pelo contrário. Desenvolveu-se a construção normal em determinados pontos dos centros urbanos, foi-se valorizando cada vez mais o terreno para construção e, portanto, justificando a tendência para a construção de prédios de grande rendimento. [Em consequência,] deu-se o que era inevitável.

Foi-se instalando e estendendo com velocidade prodigiosa um sem número de barracas de trapos e lata, espalhadas por todos os cantos [...].

Parece, portanto, que não tem discussão a necessidade de construção para muita gente que pelas suas posses não tem hoje possibilidade de ter um abrigo. Tanta gente cujo salário médio não atinge 10$00 por dia. [...]

Não merecerá a atenção e a protecção do Governo, esta gente que é justamente a mais desprotegida?

Não haverá [sob] todos os aspectos a maior conveniência em cuidar deste assunto?»

Este relatório, classificado de «confidencial» pelos serviços, mostra como desde cedo estes verificaram, na prática, o limitado alcance do programa de 1933. Tinham ficado de fora, assumidamente, as famílias e indivíduos que não conseguiam assegurar o pagamento das rendas-prestações estipuladas e todos os custos associados — e que, por outro lado, se viam cada vez mais à margem do sistema, forçados a improvisar soluções pelos seus próprios meios.

Avolumava-se assim o problema dos «bairros de barracas e trapos» em Lisboa e no Porto. Com os próprios serviços a alertar para uma situação cada vez mais grave, o Estado Novo foi impelido a agir: em 1938 o programa das Casas Económicas sofreu a primeira revisão importante, apresentada pelo governo como um novo «passo em frente» na sua estratégia perante o «problema de habitação das famílias menos abastadas». Colhidos os «resultados da experiência» dos primeiros cinco anos do programa, explicava-se no diploma de 1938 que a resolução do problema passava afinal por «três fases perfeitamente distintas»: na primeira, iniciada em 1933, o Estado e municípios teriam «de fazer tudo — o financiamento, a aquisição dos terrenos, a construção, a distribuição das casas, a sua administração até à completa amortização. Era preciso provar que é possível fazer e mostrar como se pode e deve fazer».

Pretendia-se agora lançar a segunda fase — quando, «adquirido certo grau de confiança no sistema por algumas actividades particulares, como instituições de previdência social, organismos corporativos e grandes empresas concessionárias de serviços públicos, o Estado já poderia limitar-se a tratar dos terrenos e da construção, deixando-lhes o financiamento e a distribuição e a administração das casas». O processo concluir-se-ia por fim quando, na terceira fase, «aquelas e outras actividades particulares, animadas com os resultados obtidos e em plena confiança, realizariam por si próprias integralmente tudo e a obra das casas económicas tomaria então a extensão e o carácter de continuidade necessários».

Toda a intervenção do Estado na questão era — ficava agora bem claro — vista como transitória: o seu papel seria o de facilitar, inicialmente, as condições (técnicas e financeiras) para que gradualmente outros, fora da sua esfera, tomassem para si a responsabilidade. O Estado não queria ser proprietário ou senhorio de casas económicas — daí o regime de propriedade resolúvel — mas, perante a escala do problema e a falta de iniciativa particular, via-se obrigado, com aparente relutância, a intervir. Note-se como esta posição se afasta claramente da matriz socialista e coletivista de alguns programas centro-europeus de habitação apoiada, para se colocar no campo do individualismo (a propriedade de uma casa, independente, como grande objetivo da família) e do liberalismo (a retirada do Estado para um papel regulador, com intervenção direta decrescente e tendencialmente nula).

As grandes alterações à política introduzidas em 1938 são de claro pragmatismo. Resultando os custos de urbanização

(terrenos, infraestruturas viárias, águas e esgotos, etc.) despro-
porcionados face ao número de casas produzido, introduziu-se
a regra dos dois pavimentos em todas as casas, que permiti-
ria densificar os bairros e colocar mais fogos em menos área
— mesmo que o argumento utilizado fosse estético: evitar «o
aspecto de pobreza que, apesar de tudo, [as casas térreas] apre-
sentam e que constitui nota discordante desagradável à vista do
citadino, habituado a viver num meio de edificações de altura
elevada». Por outro lado, perante a incapacidade do Estado e
dos municípios em suportar financeiramente sozinhos a habitação acessível, autorizou-se as Obras Públicas a promover, por
contrato com entidades privadas (previdência social, concessionárias e organismos corporativos; e, a partir de 1943, mesmo
«outras empresas ou entidades» particulares) e por estas financiada, a construção de bairros de Casas Económicas para os seus
sócios, pensionistas, empregados e operários, com as mesmas
«garantias e regalias» estabelecidas para as iniciativas públicas.

Por último, as celebrações dos Centenários da Fundação
da Nacionalidade e da Restauração da Independência em 1940
tornavam urgente a eliminação de «alguns dos piores 'bairros
de lata' existentes, como o 'bairro das Minhocas' e o 'bairro da
Bélgica', hoje situados no coração da capital». O governo dedi-
cava cinco milhões de escudos a financiar a construção, pelo
Município de Lisboa, de mil «Casas Desmontáveis» para realojamento dos habitantes daqueles aglomerados: construções em
fibrocimento e madeira, «completamente mobiladas», em dois
ou três bairros «devidamente urbanizados, embora com a maior
simplicidade» e incluindo «escola, templo, sala de reuniões e

festas, lugares para vendas, recreios para crianças e centro de educação moral e social». A opção por construções provisórias respondia não apenas ao imperativo de urgência mas também à filosofia do governo quanto aos ocupantes de barracas: uma solução definitiva «só poderá encontrar-se à medida que as suas condições sociais se transformem»; as novas casas provisórias permitiriam, «por meio de dedicada e intensa acção social, a selecção dos chefes de família que possam usufruir os benefícios das casas económicas», estas sim de pedra e cal.

As Casas Desmontáveis de 1938 — arrendadas pelo município a título precário, podendo os moradores ser obrigados a sair em 30 dias — foram assim vistas como um patamar de acesso, eventual, às Casas Económicas em propriedade resolúvel. O plano visou antes de mais a demolição de conjuntos precários como o referido «Bairro das Minhocas», ao Rego em Lisboa, concretizada em março de 1939, e a sua substituição pelo Bairro da Quinta da Calçada (Telheiras), oficialmente inaugurado em 1940; seguiram-se-lhe os bairros da Boavista (Monsanto, 1944) e das Furnas (Benfica, 1946). Os três bairros marcaram o início de uma outra história da habitação apoiada em Lisboa, que ainda não acabou: ao longo das décadas, as construções passaram de temporárias a definitivas e serviram de campo de experimentação para novos modelos; veja-se o exemplo da Boavista, designado Bairro de Intervenção Prioritária de Lisboa e onde desde 2013 a Câmara Municipal tem em curso uma operação de reabilitação profunda, que se pretende também «social e ambiental» e constituir um exemplo de solução contemporânea para o problema da habitação de promoção pública.

Figura 6 — «Casas Económicas [Desmontáveis],
Interior duma Casa, no Bairro da Boavista», Lisboa
Domingos Alvão, c. 1945, CML/AML

Em 1936, no relatório anteriormente citado, Jácome de
Castro propunha como solução alternativa ao dispendioso
regime das moradias individuais em propriedade resolúvel a
construção de «alojamentos sem preocupação de ampliação,
habitações independentes colectivas [...] que seriam simples-
mente alugadas. Portanto mais baratas na construção, menos
despesa de urbanização em relação ao número de alojamentos e
as rendas muito mais baixas». Para um casal sem filhos, exempli-
ficava, a casa poderia resumir-se a «um quarto, com duas pequenas dependências, uma para cozinha e outra para lavagens».

Foi precisamente este modelo que acabou por vingar quando, sete anos depois de determinar, como medida de emergência, a construção de casas desmontáveis em Lisboa (alargada ao Porto em 1943 e a Coimbra em 1944), o governo lançou aquele que, sendo hoje muito pouco discutido, poderá ter sido o programa de habitação apoiada do Estado Novo com maior impacto no conjunto do território nacional: o regime de construção de «casas destinadas ao alojamento de famílias pobres nos centros populacionais do continente e das ilhas adjacentes», instituído em 1945.

Tratava-se, na verdade, de desenvolver o processo de «externalização» dos custos da habitação de promoção estatal central anunciado em 1938, canalizando os recursos de outras entidades públicas e privadas para a resolução do problema: «quando não possuam recursos próprios», avançava o diploma instituidor, «é possível que as juntas de província, câmaras municipais ou juntas de freguesia disponham de donativos e oferecimentos dos particulares ou de facilidades em materiais e mão-de-obra, expressamente consignados a esse objetivo»; o mesmo quanto às Misericórdias, «não só por iniciativa que elas próprias pretendam tomar, como pela força de legados». Definitivamente, o Estado assumia-se incapaz de enfrentar o problema sozinho e pretendia facilitar a iniciativa alheia.

As cinco mil casas inicialmente previstas «para solução dos casos mais prementes», a construir por corpos administrativos e Misericórdias, segundo projetos submetidos à aprovação das Obras Públicas por intermédio da nova Direção-Geral dos Serviços de Urbanização (DGSU), seriam apoiadas por subsídios (até dez mil escudos por casa) concedidos em partes iguais pelo Estado e pelo Fundo de Desemprego (por serem classificadas como Melhoramentos Urbanos); em troca do apoio, as rendas a cobrar pelos promotores (em regime de licença de ocupação a título precário) seriam mantidas dentro dos «limites realmente viáveis para aqueles a quem se destinam» e atentas «as condições locais». Na atribuição das casas seriam «sempre preferidas as famílias pobres desalojadas por efeito de demolições relacionadas com trabalhos de urbanização ou outros de interesse público», por se antecipar que a execução dos planos de urbanização legalmente requeridos desde 1944 em todo o País atingisse «sobretudo, como é natural, as zonas das mais humildes habitações, cujos ocupantes precisam de encontrar algures outras em que se instalem». Pretendia-se não apenas acabar com os aglomerados informais existentes nas periferias mas também remover habitantes de áreas centrais que, em decisões de reforma urbanística típicas do período, se tencionava alterar profundamente.

Continuava-se a dar preferência a construções desmontáveis (embora não se impusesse a fórmula) e a defender o caráter transitório destas «Casas para Famílias Pobres» — um ponto de passagem onde, mediante uma «acção educativa e social», estas famílias fossem selecionadas para ascender à solução definitiva representada tanto pelas «casas económicas» quanto por outro novo regime, também instituído em 1945, chamado de «casas de renda económica». Pela lei, àquelas «famílias pobres» seria dada preferência na distribuição de habitações nos bairros destes dois últimos programas.

Em Lisboa, a Câmara Municipal depressa reconheceu as deficiências no paliativo Casas Desmontáveis — o facto de não atingirem completamente os fins para que foram projetadas e, acima de tudo, os elevados custos da sua conservação — e resolveu investir, em 1946, na construção de Casas para Famílias Pobres de caráter definitivo, em bairros integrados na expansão da malha urbana. O investimento neste programa incidiu em quatro frentes, que ainda hoje fazem parte do parque habitacional público da cidade, e dominou, como em muitos centros espalhados pelo País, a iniciativa municipal na habitação acessível na década de 1950. Data de 1946 a criação do primeiro grupo experimental de 24 habitações unifamiliares na Quinta do Jacinto, em Alcântara, um projeto do arquiteto municipal Couto Martins, cujas plantas parecem traduzir, fielmente, o modelo defendido em 1936 pelo engenheiro Jácome de Castro. Em 1947 arrancou a construção de 345 casas no Bairro do Caramão da Ajuda, onde as Companhias Reunidas de Gás e Eletricidade edificaram mais cem e o município tinha, em 1949, em acabamentos outras 53 casas: o conjunto, desenhado pelo arquiteto Luís Benavente e concluído em 1959 com mais 48 casas (totalizando 546), ocupou parte de uma encosta de Monsanto que fora, desde 1934, eleita como uma das áreas-chave de implantação de habitação apoiada em Lisboa — e que hoje se encontra plenamente integrada na cidade.

Figura 7 — Bairro de Casas para Famílias Pobres do Caramão da Ajuda, Lisboa
Estúdio Novais, c. 1949, FCG/BAA

Na Quinta do Jacinto, a construção de casas em banda foi abandonada logo em 1950, vistos «o condicionamento de espaço, [as] extensas áreas a urbanizar e a necessidade de procurar soluções económicas compatíveis com a vida da cidade», em favor da realização de blocos de habitação coletiva em três pisos (cit. *in* Agarez, 2009: 25). Reduzida, em 1951, a densidade inicialmente planeada, os fogos em excesso foram transferidos para um novo bairro, criado no ano seguinte — o Bairro da Madre de Deus ou do Grilo, para onde, em blocos semelhantes (1955) e outros de quatro e cinco pisos (1956), foram viver os desalojados pelas obras de remodelação da Baixa (distribuídos também pelos bairros das Furnas e Caramão da Ajuda); a carência de alternativas levou, contudo, a novas ampliações também na Quinta do Jacinto, entre 1956 e 1958.

Em 1958, a necessidade de libertar os terrenos da Quinta da Calçada para a construção de uma Cidade Universitária em Lisboa levou à transferência do bairro daquele nome para a Quinta da Penteeira, em Carnide, com 224 casas ainda desmontáveis (exterior em chapa ondulada de fibrocimento, interior revestido a madeira aglomerada e prensada) mas com «melhorias das respectivas condições de habitabilidade». A partir de 1959, a estas juntou-se uma «solução transitória» de casas de alvenaria, visando melhorar as condições de conforto e diminuir as despesas de manutenção; previa-se, em ampliações futuras, casas de alvenaria com dois pisos que, permitindo melhor rentabilização do terreno e rendas mais baixas, fossem «mais económicas» e tivessem «um aspecto arquitectónico um pouco mais evoluído e agradável» (cit. *in* Agarez, 2009: 25). Em 1961, o também chamado Bairro para Classes Pobres de Carnide foi rebatizado de Padre Cruz; com escola, creche e mercado, continuou a crescer até incluir 1117 casas em banda, entre fibrocimento e alvenaria de um e dois pisos.

O mecanismo de comparticipação estatal sistemática e substancial (40-100 %) nas iniciativas municipais e de Misericórdias, base do programa de Casas para Famílias Pobres — também chamado, em Lisboa, de «Casas para as Classes Economicamente Débeis» —, foi oficialmente extinto apenas em 1979; sob a responsabilidade do Fundo de Fomento da Habitação (1969-1982), a fórmula foi então adaptada para um novo modelo, chamado de «Obras Comparticipadas».

O último boletim publicado pelo Comissariado de Desemprego, relativo a 1972, contabilizava a comparticipação do Fundo de Desemprego na construção de 536 bairros de Casas para Famílias Pobres desde 1932, com um montante total de 111 281 810 escudos. De todos os programas de «Casas de Habitação» comparticipados pelo Fundo naquelas quatro décadas («Desmontáveis», «Para Pescadores», «Para Famílias Pobres» e «Económicas»), este foi aquele em que o Estado concentrou o investimento mais substancial: aproximadamente o dobro das obras e dos montantes relativos à construção de Casas Económicas e cinco vezes mais fogos do que os financiados ao abrigo do programa de «Casas para Pescadores», com um financiamento quase três vezes superior.

Quando o Ministério das Obras Públicas montou uma grande operação de propaganda para celebrar o papel destas na afirmação do Estado Novo — a exposição «1932-1947: Quinze Anos de Obras Públicas», apresentada em Lisboa em 1948 —, uma secção inteira foi dedicada ao «Problema da Habitação», ou melhor, aos instrumentos criados pelo governo para enfrentar aquilo que reconhecia ser uma «crise de habitação», com importância social e económica incontornável. O material exibido incluía um «modelo em tamanho natural de uma casa para família de pequenos recursos com filhos dos dois sexos (tipo de casa em construção no País)», isto é, uma maquete à escala natural em madeira e gesso no interior da qual o visitante teria a experiência da real dimensão de uma das Casas para Famílias Pobres então em construção pelo País. Ainda que grande destaque fosse dado às medidas de incentivo à produção de habitação para os mais desprotegidos, a exposição — certamente visitada sobretudo por quem não se encontrava nesta situação — pretendia demonstrar também que o regime tinha em mente os grupos socioeconómicos urbanos a quem o apoio público não chegara até então.

Segundo a retórica oficial, a resposta às necessidades da classe média neste âmbito seria finalmente dada mediante a concretização de dois novos programas de apoio público, a juntar às Casas Económicas de 1933: as Casas de Renda Económica, instituídas em 1945 e construídas pela Habitações Económicas — Federação das Caixas de Previdência e por entidades privadas (por exemplo, indústrias); e as Casas de Renda Limitada, reguladas em 1947 e realizadas pela iniciativa privada. Queria-se «orientar a construção civil no sentido que mais interessa à resolução do problema», contrariando a especulação com terrenos, materiais e mão de obra que, traduzida em rendas elevadas, excluía a classe média portuguesa — aquela não empregada na Função Pública ou filiada nos sindicatos nacionais, entenda-se — do acesso a habitação com «um mínimo de salubridade e de conforto».

Tendo em vista as famílias que não pudessem ou quisessem converter-se em proprietárias de «moradias económicas» promovidas pelo binómio DGEMN-INTP, o Estado criava as Casas de Renda Económica para incorporar o setor privado — e em especial as instituições de previdência social, diretamente controladas pelo governo — na estratégia de resposta à carência de arrendamento e venda acessível: as Caixas pareceram-lhe, «pelo

espirito que as anima e pela própria natureza do seu funcionamento [...] mais que quaisquer outros os instrumentos adequados
da politica social neste seu aspecto particular». Para garantir
a manutenção das «reservas da Previdência, cuja segurança e
liquidez não devem ser comprometidas, sob pena de deixarem
de satisfazer à finalidade da sua capitalização», o diploma de
1946 que regulava a sua «cooperação» ditou que as rendas-base
mensais destas casas fossem fixadas de modo a assegurar um
rendimento anual ilíquido não inferior a 5,5 % dos valores investidos pelas instituições na sua construção.

O regime de Renda Económica esteve por detrás de um
grande número de iniciativas, em todo o território nacional, e,
na sua fase de pleno desenvolvimento — a década de 1960 —,
a referida Habitações Económicas (na esfera governamental
das Corporações e Previdência) promoveu projetos de grande
diversidade, conhecidos como «bairros das Caixas» e realizados por importantes arquitetos, engenheiros e paisagistas
portugueses; incluem-se neste grupo nomes como Alberto José
Pessoa, Nuno Teotónio Pereira, Vítor Figueiredo, Justino de
Morais, Fernando Távora e Alcino Soutinho. Na década de 1950,
quando o programa ganhava tração, o plano de Alvalade em
Lisboa tornou-se um campo de experimentação privilegiado
para este regime — com soluções aperfeiçoadas pelo arquiteto
Miguel Jacobetty Rosa — e também para o de Renda Limitada,
seu contemporâneo (lotes municipais vendidos em hasta pública
por valores abaixo do mercado, com projetos incluídos e rendas
máximas fixadas); até 1956 foram ali construídos 2370 fogos de
Renda Económica e um número nunca quantificado de fogos,

em edifícios de grande dimensão, de Renda Limitada (regime que preenche quase integralmente avenidas como a de Roma e Estados Unidos da América, por exemplo).

Enquanto os «bairros das Caixas» e os conjuntos de prédios de Renda Limitada começavam a formar extensões significativas dos principais centros urbanos e industriais do País — de Estarreja a Beja, da Covilhã à Marinha Grande, passando por Braga, Porto, Coimbra e Lisboa —, o Estado Novo dirigiu uma atenção particular a um grupo socioprofissional que conciliava um papel relevante na economia nacional com condições habitacionais precárias e a relativa facilidade de enquadramento na organização corporativa vigente: os pescadores. Tal como fariam mais tarde para a população agrícola através das Casas do Povo (em 1958), os governos de Salazar procuraram incluir as associações oficiais (também elas «Casas») de pescadores do sistema corporativo no grupo de entidades a apoiar na prossecução de uma estratégia própria de habitação para os seus membros: também estas deviam cooperar na política de habitação económica nacional. A Junta Central das Casas de Pescadores, criada na órbita do Trabalho e Previdência (1937) para coordenar a ação destes «organismos de cooperação social» e administrar o Fundo Comum das Casas de Pescadores, estabeleceu inicialmente um programa limitado de construção de habitação apoiada — com alojamento para pescadores de bacalhau na Nazaré, em Peniche e Vila do Conde. O programa adquiriu expressão maior só depois de 1945, com a construção dos chamados bairros de «Casas para Pescadores», considerados Melhoramentos Urbanos (comparticipados em 50 % pelo Fundo de Desemprego) e desenvolvidos com o apoio técnico da DGSU e crédito da Caixa Geral de Depósitos. Os principais bairros da costa portuguesa, em locais como Olhão e Fuzeta, Portimão e Ferragudo, Setúbal, Sesimbra, Caparica, Espinho, Matosinhos e Póvoa do Varzim, resultaram deste segundo fôlego — caracterizado, em geral, pela criação de aglomerados-aldeia, localizados junto às povoações, mas destas diferenciados por projetos uniformizados (elaborados em Lisboa e Porto por arquitetos como Januário Godinho, Inácio Peres Fernandes e Alexandre Bastos) que evidenciam, ainda hoje, as preocupações iniciais: salubridade, baixa densidade, desafogo e a procura de uma imagem de «casa de família» facilmente reconhecível, mesmo se não individual mas combinada em bandas. O plano concretizado sob o Estado Novo (a Junta foi convertida em Caixa de Previdência em 1976) compreendia, em 1972, um total de 106 bairros de Casas para Pescadores erguidos no continente e ilhas, com dimensões que variavam entre as dez e as duas centenas de fogos.

A população ligada à pesca, controlada por uma estrutura de cúpula forte — a referida Junta Central —, ofereceu ao Estado Novo a oportunidade para implementar uma política de habitação específica e com contornos bem definidos; já a população rural, com peso demográfico e dispersão territorial maiores e carências habitacionais igualmente graves, inspirou uma atuação mais pulverizada e menos estruturada, quanto a instituições envolvidas, programas tentados e recursos dedicados. A Junta de Colonização Interna, criada em 1936 para dirigir o aproveitamento produtivo de baldios e áreas incultas, começou por participar nesta ação indiretamente, promovendo a instalação de casais agrícolas em novos povoamentos (colónias do Barroso, Milagres e Pegões, entre outros) como suporte de uma estratégia de ocupação e reconversão agrícola do território. Na década de 1960, este serviço da esfera governamental da Agricultura redirecionou esforços da criação de novos povoados para a melhoria das condições de vida nas comunidades e habitações existentes, com instrumentos que incluíram o pouco conhecido programa das Aldeias Melhoradas, implementado em Montes Velhos (Beja), Vila Verdinho (Bragança), São Miguel de Poiares (Coimbra), Prados (Guarda) e Pala (Porto), entre muitos outros locais (cf. Freire e Borges, 2018). Entidades de «cooperação» e assistência social como as Casas do Povo, o Património dos Pobres (Obra do Padre Américo), o Movimento Nacional de Autoconstrução e a Fundação Salazar foram sendo utilizadas pelo Estado para completar, nas freguesias rurais espalhadas pelo País, uma atividade legislativa e executora mais focada, por defeito, no problema habitacional da população urbana.

Conhecemos ainda relativamente mal a expressão, quantitativa ou qualitativa, dos programas apoiados pelo Estado no contexto rural em Portugal. A Lei 2.092, que em 1958 obrigou as caixas sindicais de previdência, as caixas de reforma ou de previdência, as associações de socorros mútuos e as Casas do Povo e suas Federações a «cooperar no fomento da habitação», terá tido um impacto importante não apenas na disseminação pelo País do regime de Renda Económica por ação da já citada Habitações Económicas — Federação das Caixas de Previdência, mas também na construção de casa própria pelos sócios daquelas entidades, suportada por empréstimos e condições fiscais favoráveis. Ao abrigo deste diploma foi facilitada a construção de centenas de casas unifamiliares, pulverizadas pelo território — desde as aldeias e os casais até aos centros urbanos, passando pelas periferias —, com base em projetos apresentados pelos requerentes ou elaborados, como medida de apoio técnico, pelos arquitetos das «Caixas»; àquele veio juntar-se, em 1962, um regime específico de apoio à autoconstrução de habitação por famílias não abrangidas pelas instituições de previdência (com projetos-tipo e assistência técnica da DGSU, concedida através dos municípios), depois reforçado em 1977. Embora pouco conhecidas, estas facetas da casa apoiada em Portugal tiveram uma presença não insignificante na configuração do ambiente construído neste país.

No seu recente estudo sobre as iniciativas do Estado Novo face ao problema da habitação no mundo rural, Dulce Freire e Pedro Namorado Borges notaram a ausência de programas específicos até 1960 e o caráter secundário, persistente, destes relativamente aos dedicados a populações urbanas: o regime viu-se ameaçado pelo crescimento urbano e pelo risco potencial de conflito contido nas carências habitacionais dos grandes centros, muito mais do que pelas condições deficientes do povo rural, disperso e dócil; e quando, nas décadas de 1960 e 1970, surgiram alguns instrumentos desenhados à medida, aquele problema tendia já a dissolver-se, não por ação de governos mas pela intensificação do êxodo rural e da emigração que caracterizou o período e esvaziou muitas aldeias. Curioso é notar, com os autores referidos, como o mesmo regime que escolheu modelos de inspiração rural para alguns dos seus programas-chave em contexto citadino — a «casinha isolada» com horta, o bairro-jardim com baixa densidade, uma imagem bucólica e condições para fomentar um sentido de comunidade aldeã — não parece, afinal, ter concedido à questão da habitação apoiada rural a atenção persistente que dedicou, desde o início, ao mesmo problema nas cidades.

Assistimos, pois, a uma significativa ampliação do número, propósito e alcance dos programas e promotores de habitação apoiada pelo Estado em Portugal, nas primeiras décadas após a Segunda Guerra Mundial. Se até 1945 os governos de Salazar procuraram intervir diretamente na produção de casas para os grupos socioprofissionais que constituíam a sua base de apoio político, tentando ainda mitigar problemas decorrentes das indisfarçáveis condições miseráveis da população operária — que os planos de reconversão urbana tendiam a agravar —, a partir de 1945 a estratégia mudou. O Estado não podia e não queria enfrentar a questão sozinho, e muito menos assumir sozinho o papel de senhorio (ainda que transitório) de habitação apoiada: recursos financeiros dos orçamentos do Estado e de muitas outras origens — do Fundo de Desemprego ao crédito pela Caixa Geral de Depósitos, passando pelos cofres das caixas de previdência, sindicatos e mutualidades — foram canalizados para a execução de programas que, com apoio técnico da administração central, eram da responsabilidade de terceiros. Os 536 bairros de Casas para Famílias Pobres erguidos em Portugal até 1972, por exemplo, ficaram a cargo dos municípios e Misericórdias, que assim se transformaram em proprietários-senhorios, com as consequentes responsabilidades na gestão e manutenção deste importante parque edificado. Parece, assim, poder-se aqui falar no desenvolvimento da ação do Estado em dois sentidos: a manutenção do controle sobre a forma — também arquitetónica e urbana, mas não só — como foi executada a casa apoiada, pela definição dos programas e pela inclusão da «assistência técnica» prestada pelos serviços aos promotores; e a simultânea cedência do papel de promotor e das responsabilidades associadas a entidades da administração descentralizada a instituições de assistência, a empresas e, mesmo, a particulares. A diversificação de programas e promotores externos ao Estado central foi, por conseguinte, a estratégia seguida pelo governo português para acelerar o crescimento da casa apoiada no pós-guerra.

Em 1948, a secção dedicada ao «Problema da Habitação» na referida exposição «Quinze Anos de Obras Públicas» anunciava já esta estratégia pulverizadora de programas e promotores: davam-se como construídas 672 Casas para Pescadores (Espinho, Matosinhos, Afurada, Sesimbra, Peniche, Nazaré, São Jacinto, Sines, Furadouro, Vila do Conde, Buarcos e Berlengas), e 1648 «em construção ou autorizadas»; 5915 Casas Económicas concluídas (Lisboa, Porto, Braga, Portimão, Guimarães, Vila Viçosa, Castelo Branco, Olhão, Évora, Coimbra, Viana do Castelo, Ponta Delgada, São João da Madeira, Bragança e Guarda) e 4686 em curso; 1580 Casas Desmontáveis instaladas (Lisboa e Coimbra) e cem previstas; 1259 Casas para Famílias Pobres construídas (São João da Madeira, Moura, Ferreira do Alentejo, Barcelos, Mirandela, Figueiró dos Vinhos, Marinha Grande, Mafra, Cascais, Oeiras, Lisboa, Porto, Vila Nova de

Gaia, Felgueiras, Santarém, Trafaria, Setúbal, Vila Real, Alijó, Viseu, Mangualde e Nelas) e 8741 em construção ou autorizadas; 34 Casas de Renda Económica terminadas (Lisboa) e 2614 planeadas; e 792 Casas de Renda Limitada em construção ou autorizadas em Lisboa. Contas (oficiais) feitas, a multiplicação de programas traduzira-se, desde 1945, na construção de 2757 fogos e no lançamento de outros 13 003, perfazendo 15 760 casas. Com os 7495 alojamentos realizados e 4786 lançados ao abrigo das «velhas» medidas de 1933-1938, o regime apresentava um total de 28 041 casas, executadas ou em execução, nos seus primeiros 15 anos de vigência: em média, cerca de 1900 fogos apoiados por ano.

Concentração e Grande Escala: A Casa Apoiada no Portugal Pré-CEE

Se a década de 1950 testemunhou, em Portugal, uma diversificação substancial de frentes de atuação no combate à escassez de habitação acessível, com o Estado central a procurar transferir para outros a responsabilidade pela iniciativa concreta, aquele período correspondeu também à manutenção e agravamento, tornado gritante na década seguinte, das condições de vida dos grupos de menores recursos no Porto e em Lisboa. Na capital, a dimensão do problema levou em 1960 à criação na administração municipal do Gabinete Técnico da Habitação (GTH), que constituiu um dos principais núcleos de conhecimento especializado sobre habitação apoiada no País, a par de outros, de abrangência nacional, já existentes — o Serviço de Construção de Casas Económicas da DGEMN (1938-1969), o Gabinete de Estudos da Habitação da DGSU (1957-1969) e a Habitações Económicas (1958-1972) —, ou pouco depois estabelecidos — o Centro de Estudos de Urbanismo e Habitação Engenheiro Duarte Pacheco, nas Obras Públicas (1963-1977), e a Divisão de Arquitetura do Laboratório Nacional de Engenharia Civil (1963-2013).

O GTH foi instituído em janeiro de 1960 para dar execução ao plano (decretado em agosto de 1959) de construção em larga escala de «habitações com renda acessível aos agregados familiares de mais fracos recursos» em Lisboa, comparticipada pelo Estado: cabia ao novo gabinete preparar os programas de trabalho, elaborar os projetos e dirigir e fiscalizar as obras. O decreto fixava um prazo de três meses e meio para a apresentação dos primeiros candidatos a financiamento, pelo que a câmara municipal, ainda antes de formar o GTH, recorreu aos terrenos municipais da «Célula A de Olivais Norte», já urbanizados e com projetos iniciados: adaptados estes às condicionantes da lei, foram incluídos em 1959 no Primeiro Plano de Distribuição de Lotes ou Terrenos, que resultou na construção de 1565 fogos divididos pela Federação das Caixas de Previdência, Caixa Geral de Depósitos, Cofre da Previdência do Ministério das Finanças, Serviços Sociais das Forças Armadas, Fundação Cardeal Cerejeira, e Câmara (realojamento e hastas públicas). O conjunto incluía escolas primária, pré-primária e técnica, um centro comercial e duas garagens coletivas com uma estação de serviço.

Em julho de 1960, o GTH definiu as zonas da cidade destinadas à concretização do diploma. Em Olivais Norte, Olivais Sul, Chelas e Montes Claros instalar-se-iam 120 mil pessoas em 23 mil fogos, em regimes de propriedade e arrendamento diversificados. As três mil casas do Segundo Plano de Distribuição, de 1960 — em edifícios desenhados por arquitetos exteriores ao município em colaboração com o GTH —, abrangeram metade da área de Olivais Sul; os 2500 fogos de 1961 foram concentrados no mesmo bairro, enquanto outros tantos foram, em 1962, distribuídos por Olivais Sul (900 fogos), Olivais Norte (200) e

Chelas (1400). Fundaram-se assim os dois setores urbanos de maior desenvolvimento da habitação apoiada na década de 1960 em Lisboa: Olivais e Chelas.

Figura 8 — Edifício em Construção em Olivais Sul, Lisboa
Estúdio Novais, c. 1965, FCG/BAA

O diploma de 1959 recuperava orientações de legislação anterior — as quatro categorias habitacionais, desta vez sub-divididas pelo município em tipos; a percentagem de fogos por categoria e o reportar o custo do terreno ao preço dos fogos a construir — mas introduzia alguma flexibilidade e abertura a experimentação. Segundo o engenheiro Jorge Carvalho de Mesquita, primeiro diretor do GTH, «ao município é dada outra latitude de manobra nas opções a tomar, mormente nas que respeitam critérios urbanísticos. Daqui advirá um acréscimo de responsabilidade, sem dúvida, mas também permitirá acertar o passo, depois de ponderados devidamente os parâmetros correspondentes às nossas realidades, com os progressos realizados neste domínio em países mais evoluídos» (cit. *in* Agarez, 2009: 29).

Com efeito, o legislador previa «que as novas unidades urbanas a construir incluam todas as categorias económicas, evitando segregações sociais inconvenientes e, aliás, alheias à tradição dos bairros lisboetas. Espera-se que a construção em grande número dos fogos das categorias mais modestas venha a facilitar o descongestionamento de prédios de rendas mais elevadas até agora habitados por excessivo número de famílias no pouco recomendável regime de partes de casa. A par das necessidades de ordem material, avultam neste particular razões de ordem moral e social que parecem pesar ainda mais que as primeiras. Há-de da mesma forma promover-se o saneamento de muitos dos velhos prédios e também a substituição progressiva dos chamados 'bairros de lata', que teimam em existir na área da cidade, por habitações de carácter definitivo e de rendas tão módicas quanto possível».

Perante a extensão do problema e as expectativas criadas, o GTH lamentaria persistentemente, em relatórios anuais, as dificuldades com que se debateu no início da sua atividade — decorrentes, em particular, do desconhecimento das características sociológicas das famílias destinatárias dos edifícios e da inexistência, em qualquer organismo estatal ou oficioso, de uma verdadeira experiência («racionalizada e

progressiva») de construção de grandes conjuntos habitacionais. Importa notar como o gabinete se via a si próprio como
um pioneiro neste campo, cuja autossuficiência ia preenchendo
as lacunas sentidas: em 1962 já o diretor afirmava que a organização e experiência do serviço lhe haviam permitido «dominar
toda uma gama de problemas abarcando desde o planeamento
urbano à sociologia da habitação, seu custo e técnica construtiva. [...] um plano de urbanização para uma zona com a mag-
nitude de Olivais ou Chelas não é factível sem uma progressiva
evolução de vários estudos convergentes. Só através deles se
procederá ao dimensionamento e definição dos diversos fac-
tores susceptíveis de se reflectirem nas condições de vida dos
futuros habitantes. Porque, não basta construir casas, há que
dotá-las com um *habitat* satisfatório» (cit. *in* Agarez, 2009: 29).

Foi na década de 1960 que se disseminou em Portugal, entre
os intervenientes no debate sobre habitação apoiada e na sua
produção, a consciência da importância de uma abordagem integrada ao problema: o *habitat* era um novo conceito que incluía
as vertentes urbanísticas e arquitetónicas da casa («habitação»)
mas ia mais além, procurando compreender as práticas quoti-
dianas dos moradores às várias escalas (individual, de família
e de vizinhança), filtrá-las por processos científicos (inquéri-
tos, observações) e incorporá-las na conceção dos novos alojamentos. Pela análise dos contextos de origem dos moradores e
das suas formas de socialização pretendia-se aproveitar o lado
saudável das comunidades existentes no desenho dos bairros
a construir, combatendo as deficiências de uso — impessoal,
desenraizado e desadequado — que então se identificavam,

cada vez mais, com os grandes conjuntos de habitação coletiva moderna. Dadas as escolhas feitas em Portugal quanto ao modo de enfrentar o problema, e acima descritas, que privilegiaram a «casinha independente» em agrupamentos de baixa densidade e só gradualmente foram admitindo casas em andares e «blocos» de apartamentos, havia em 1960 pouca experiência adquirida na conceção em grande escala, como lamentava o diretor do GTH. Face à tarefa de introduzir novas soluções no País, os responsáveis políticos e técnicos portugueses — arquitetos, urbanistas, engenheiros, sociólogos, paisagistas — queriam evitar as falhas que os grandes conjuntos começavam a acusar internacionalmente.

Por outro lado, era notória a deficiente coordenação entre os diversos serviços que, na orgânica do Estado central, tinham responsabilidade sobre os vários programas e regimes existentes: as consequências negativas desta dispersão — em especial entre os serviços das Obras Públicas (DGEMN e DGSU) e entre estes e os das Corporações e Previdência — foram tema de debate persistente ao longo da década de 1960, tanto em público quanto nas esferas reservadas de governo. Assim, no contexto da implementação do III Plano de Fomento (1968-1973); de revisões legislativas importantes (como as leis dos Solos e do Licenciamento Urbanístico de 1970); da intensificação da discussão pública sobre causas e soluções para as carências habitacionais em Portugal; da experiência prática de serviços como o GTH em Lisboa; e da urgência na adoção de novas estratégias e programas, para escalas de intervenção maiores, foi finalmente concretizada em 1969 a criação de um organismo nacional centralizador de competências, meios e responsabilidades públicas: o Fundo de Fomento da Habitação (FFH).

O Fundo — para cuja presidência o ministro das Obras Públicas chamou, precisamente, o diretor do GTH, Carvalho de Mesquita, que se destacara nos planos de Olivais e Chelas — reuniu todas as atribuições das Obras Públicas em matéria de habitação, integrando funções e pessoal do Gabinete de Estudos da Habitação (DGSU) e do Serviço de Construção de Casas Económicas (DGEMN) — dois ramos separados 25 anos antes — para maior eficácia de atuação, economia de meios e de pessoal e uma «mais perfeita racionalização de processos». A partir de 1972 vieram juntar-se-lhe as atribuições das Corporações e Previdência e, com a conclusão da transferência do património e funções da Habitações Económicas para o FFH e para a Caixa Nacional de Pensões em 1973-1974, concluiu-se o período de divisão de competências entre Obras Públicas e Previdência, iniciado em 1933 (41 anos, a vigência oficial do Estado Novo), e o ciclo de 30 anos de diversificação de promotores públicos diretos de habitação, iniciado em 1944.

Centralização, concentração e grande escala foram, durante a relativamente curta carreira do FFH na sua versão maximizada (1972-1982), os princípios condutores da política pública de habitação. Concentrava-se, segundo o diploma instituidor, o «estudo da problemática social da habitação num único organismo que, pela sua inserção funcional, tornasse possível uma visão conjugada da temática da habitação e do urbanismo» — ou seja, que permitisse promover intervenções em que a casa fosse vista em conjunto com a cidade (macroescala) e os seus aspetos sociológicos (microescala). Recorria-se à experiência acumulada pelos diferentes serviços não apenas na sua atividade regular mas também na conceção e realização, em parceria com a Fundação Calouste Gulbenkian, do plano de realojamento urgente dos desalojados pelas inundações de novembro de 1967, citado pela lei como «autêntica experiência--piloto em matéria de habitação social» e importante ensaio para colaborações futuras entre o Estado e os entes privados no tratamento da questão.

Parecia haver já então uma consciência nítida da dimensão do problema em Portugal, a nível oficial — mesmo se, no discurso público do regime, essa não fosse assumida. Em 1966, segundo um relatório dos Trabalhos Preparatórios do III Plano de Fomento e o Inquérito Habitacional do Ministério das Corporações e Previdência, existiam dois milhões e duzentos mil fogos no País e faltavam outros 483 mil, carência cuja resolução obrigaria à construção anual mínima de 65 mil fogos nos 20 anos seguintes, pelos setores público e privado.

Outros dados contribuíam para um retrato mais detalhado da realidade nacional. Números do primeiro censo do Instituto Nacional de Estatística a incluir a habitação, o de 1970, sugeriam a existência de 31 110 habitações precárias («barracas e outros») no continente; no universo de 2 224 020 famílias recenseadas, apenas 62,6 % eram servidas por energia elétrica, 45,8 % por água canalizada e 29,2 % por instalações sanitárias, o que tornava evidente que muitas das casas não precárias dispunham na realidade de condições de conforto e salubridade muito deficientes (*in* Bandeirinha, Castela, Aristides e Alves, 2018: 240).

O período de transição para a democracia foi, assim, de um relativo reforço da intervenção do Estado nas políticas habitacionais, através de diversas linhas de ação: programas chamados de Promoção Direta do FFH, para arrendamento a estratos sociais desfavorecidos (os Planos Integrados de Habitação para intervenções de grande escala, as Realizações Diversas para iniciativas de pequena e média dimensão); novos mecanismos de promoção cooperativa e associativa (como o novo regime jurídico-financeiro do cooperativismo habitacional apoiado pelo Estado, em 1974) e de apoio à autoconstrução (concessão de empréstimos sem juros até 20 anos, em 1977); suporte à promoção municipal (criação de linhas de crédito bonificado aos municípios, através do FFH, para construção de habitação); programa de Obras Comparticipadas (o herdeiro das Casas para Famílias Pobres) para apoio das iniciativas de Misericórdias, municípios, paróquias, Património dos Pobres, serviços sociais das forças de segurança e outras entidades; e incentivo à produção de habitação de custos controlados e à reconversão da indústria da construção civil através dos chamados Contratos de Desenvolvimento para Habitação (de parceria entre o Estado/FFH, os bancos e os promotores privados; fogos para venda, tentando envolver a promoção privada com programa que retomava a filosofia do regime de «Renda Limitada»).

Os Planos Integrados de Habitação, preconizados na revisão do III Plano de Fomento (1971) como medida-chave de impulso ao setor habitacional pela administração central, foram possivelmente a iniciativa mais emblemática lançada pelo FFH. Cada Plano Integrado, segundo o relato de um colaborador do Fundo, «correspondia a um conjunto de empreendimentos habitacionais de grande dimensão, conduzidos por um grupo de trabalho específico que, com o apoio dos vários setores do FFH, expropriava os terrenos, executava os projetos, organizava as empreitadas, promovia o lançamento de concursos públicos, adjudicava as obras [...], fiscalizava a construção, procedia à atribuição dos fogos e coordenava as várias intervenções para os equipamentos programados que desempenhavam funções diversas (culturais, comerciais e desportivas). Pretendia-se assegurar a gestão de todo o empreendimento até à sua transmissão progressiva e definitiva à autarquia local» (Vilaça e Ferreira, 2018: 325). Especificamente pensados para realojamento de moradores em bairros degradados da área envolvente à intervenção, compreendendo não apenas casas mas um leque de equipamentos úteis para residentes deste e de outros complexos, os Planos Integrados vieram a incluir tanto habitação em promoção direta do Estado central (FFH) quanto iniciativas de promoção pública municipal e privada.

Os cinco Planos Integrados parcialmente realizados em Portugal — Guimarães, Aveiro-Santiago, Zambujal (Amadora), Almada e Setúbal — são, como de resto a designação sugere, exemplos da integração vertical de tarefas a que se propunha o Fundo de Fomento da Habitação: sob o chapéu de uma entidade centralizada, um conjunto alargado de especialidades — traduzido, em 1978, num Gabinete de Estudos e Planeamento com 40 técnicos distribuídos por setores que iam desde a sociologia à análise de custos — deveria assegurar as diferentes fases do processo de planeamento, conceção, realização e gestão da iniciativa, até à sua entrega, em funcionamento pleno, ao município. Nestas operações de grande envergadura (entre os mil e os dez mil fogos), bem como em conjuntos mais pequenos distribuídos pelo País, colaboraram com as equipas do FFH alguns dos mais importantes gabinetes de arquitetura do período, entre os quais os de Justino de Morais, Vítor Figueiredo e Duarte Cabral de Mello, Raúl Hestnes Ferreira, João Charters Monteiro e Francisco Silva Dias.

Figura 9 — Plano Integrado de Setúbal
Joaquim Justo Fotógrafo, 1989, DGPC/SIPA

A filosofia dos Planos Integrados terá, por outro lado, traduzido claramente um novo entendimento do papel que a gestão da produção de habitação pode desempenhar na governação do País, no sentido mais lato. Uma abordagem recente a este pouco estudado período notou como, entre 1968 e 1974, a política de habitação em Portugal — quer dizer, executada pelo FFH — «tem um tema central: o regime passa a conceber a intervenção estatal na habitação não como uma técnica exemplar para benefício de certas classes de sujeitos, sem efeitos no desenvolvimento económico, mas como uma técnica estatal de ordenamento de toda a sociedade, utilizando meios diretos e indiretos, que simultaneamente seriam parte do fomento da indústria privada pelo Estado» (Bandeirinha *et al.*, 2018: 236-237).

Abril de 1974 veio encontrar a casa apoiada em Portugal a atravessar um momento de centralização administrativa — com o FFH a atingir o seu desenvolvimento máximo como motor do aparelho estatal de produção de habitação — cujos frutos tardavam, contudo, em materializar-se. Quando o secretário de Estado da Habitação e Urbanismo do IV Governo Provisório, o engenheiro Eduardo Ribeiro Pereira, apresentou o seu Programa de Política Habitacional, em julho de 1975, notou como desde 1966 haviam sido construídos em Portugal não 65 mil fogos por ano, como preconizara o III Plano de Fomento, mas sim 35 mil, perfazendo 280 mil novos alojamentos e um «stock teórico nacional» de dois milhões e 400 mil fogos, em 1974.

Não sendo aquele, aparentemente, um número insignificante de novas casas, era ainda assim muito insuficiente.

A carência total era computada em 531 mil fogos (incluindo 33 mil «para famílias sem alojamento ou alojadas em bairros degradados», cem mil «para famílias alojadas em regime de sublocação», 350 mil «para famílias vivendo em fogos superlotados» e 48 mil «para reposição anterior não verificada»). Estimava-se que a construção das casas em falta custaria 346 740 milhões de escudos, o que equivaleria a despender 35 % do PIB nacional ao longo de cinco anos, ou 8,5 % em 20 anos — «Daqui se conclui», rematava Eduardo Pereira, «que não é possível resolver todas estas carências em prazo inferior a 20 anos».

Naturalmente, criar as condições para garantir habitação acessível ao maior número de cidadãos era uma das preocupações principais do momento. O Programa de Política de 1975 listava os eixos essenciais de uma abordagem que ia do planeamento territorial até ao funcionamento dos serviços públicos, em termos que merecem, hoje, alguma atenção:

«A Habitação é Equipamento Social, é Alojamento, são Infraestruturas Técnicas e, sendo tudo isto, tem de envolver a solução de distribuição e fixação das populações no território nacional, de acordo com um Planeamento, previamente estabelecido, que considere a situação dos Alojamentos com os locais de abastecimento, com as escolas, com os centros de saúde, com os locais de lazer, com os espaços verdes, com os locais de trabalho, com os transportes.

A Habitação exige um Planeamento territorial e regional, orientado para o desenvolvimento harmónico de todo o País, traduzindo as aspirações e a vontade das populações e realizado, através da autonomia progressiva e equilibrada das várias regiões, recorrendo à auscultação e colaboração permanente dessas mesmas populações.

A Habitação exige a definição de uma política de solos e de expropriações, impeditiva da especulação dos terrenos situados nas áreas de expansão urbana e rural, que promova a utilidade pública e social do solo. [...] exige financiamentos à construção do alojamento social e, simultaneamente, o lançamento de esquemas diversificados de prestações sociais que permitam aos agregados familiares de menores recursos exercer, efectivamente, o direito ao alojamento digno. [...] exige a colocação, ao dispor dos requerentes, de lotes em terrenos urbanizados, a preços compatíveis com os seus rendimentos, permitindo-se neles a construção das suas casas, evitando-se, desta forma, o agigantamento das zonas de construção clandestina, a que as populações se encontravam submetidas sob desenfreados mecanismos especulativos. [...] exige a entrega de terrenos destinados à autoconstrução, com substancial ajuda do Estado, urbanizados e com infraestruturas, terminando-se, completamente, com a proliferação dos bairros degradados, tais como, 'bairros de lata', 'ilhas' e similares. [...] exige a entrega de terrenos e a criação de incentivos à formação de cooperativas, com esquemas de crédito adequados, que sirvam as necessidades e os desejos das associações dos moradores que se têm vindo a constituir.

A Habitação exige a participação efectiva do Estado na definição, programação, lançamento e distribuição dos alojamentos e dos equipamentos sociais necessários ao bem-estar das populações.

Esta participação só será válida quando a política habitacional, tal como foi definida, for servida por agentes oficiais — os Serviços — capazes de a interpretar e aplicar, que a si mesmos se imponham o papel de dinamizadores do processo.»

O «Programa de Construção de Alojamentos» então desenhado para implementar tal política defendia a anulação do défice de 531 mil fogos pela construção de 26 550 fogos por ano durante 20 anos (incluindo iniciativas públicas e privadas); adicionando as necessidades de reposição anual e substituição de alojamentos envelhecidos bem como a taxa de crescimento, previa-se a construção anual de 76 mil fogos em média (mais do dobro do atingido em 1966-1974). Neste quadro, o Programa previa a construção de cem mil fogos logo em 1975-1976: 35 mil através dos programas-padrão do FFH (2058 fogos nos últimos agrupamentos de Casas Económicas, em Agualva-Cacém e Caldas da Rainha, então «em acabamento», 9389 fogos em Realizações Diversas, 13 593 fogos em Planos Integrados e 4267 fogos em Obras Comparticipadas, entre outros); 30 mil casas construídas por Contratos de Desenvolvimento para Habitação, destacando--se pela dimensão as iniciativas da ICESA (Vialonga), TETRA (Setúbal) e ESTIL (Loures); 12 mil pelos programas do Serviço de Apoio Ambulatório Local e da Empresa Pública de Urbanização de Lisboa; seis mil pelas cooperativas de habitação; duas mil por «organismos vários» (Caixa Nacional de Pensões, Casas dos Pescadores, Fundação Salazar); e 15 mil por iniciativa privada.

Esta política do IV Governo Provisório contava, necessariamente, com a indústria da construção civil, a quem recomendava

— com o voluntarismo característico daquele período — «iniciar uma importante reconversão das suas empresas que lhes permita construir bem, dentro do prazo e a custo reduzido, uma vez que as suas construções se devem dirigir, sobretudo, para as camadas de população que procuram a habitação social». A iniciativa privada poderia «ter um papel importante a desempenhar no actual contexto político-económico, desde que respeite as regras do jogo que o Governo estabeleça». Perante o desafio, «enorme», de «terminar com a actual carência habitacional», aquela «tem um lugar» no «conjunto de forças que é necessário mobilizar para a vitória».

O programa descrito contava como vimos, para 1975-1976, com a construção de um número substancial de casas pelo Serviço de Apoio Ambulatório Local, mais conhecido pela sigla SAAL. Criado em 1974, este corpo técnico especializado foi oficialmente colocado sob a alçada do FFH para dar resposta à situação de emergência que a Revolução de 25 de abril veio expor: «Em face das graves carências habitacionais, designadamente nas principais aglomerações, aliadas às dificuldades em fazer arrancar programas de construção convencional a curto prazo», o serviço apoiaria, com equipas locais em articulação com as câmaras municipais, «as iniciativas de populações mal alojadas no sentido de colaborarem na transformação dos próprios bairros, investindo os próprios recursos latentes e, eventualmente, monetários». Uma vez mais, o Estado central, perante a dificuldade de assumir sozinho a responsabilidade, procurava canalizar os recursos individuais e comunitários para resolver o problema da habitação acessível — neste caso, aproveitando um contexto sociopolítico particularmente favorável à participação popular.

O mesmo Fundo ficou, a partir de 1978, com a responsabilidade pela prossecução de outra iniciativa surgida da Revolução: a Comissão para o Alojamento de Retornados (CAR), para a qual foi criado em 1976 um «programa habitacional extraordinário» em resposta à situação de emergência decorrente da descolonização e consequente repatriamento súbito de residentes nas antigas colónias. Se o processo SAAL tem tido enorme projeção na cultura arquitetónica em Portugal na última década e meia, fruto do fascínio que a arquitetura participada (ou dos não--arquitetos) continua a exercer nos arquitetos, o processo CAR e os bairros dele resultantes são ainda muito pouco reconhecidos ou estudados, apesar de terem tido expressão considerável e de continuarem, ainda hoje, a pontuar o território português. Em 2018, um dos primeiros estudos a incluir este programa (Bandeirinha *et al.*) estimou em cerca de 200 os conjuntos de casas CAR em todo o País, com dimensões que, por núcleo, vão desde os dois fogos (Brogueira, Torres Novas) até aos mais de 300 (Sobreda, Caparica).

Continua entretanto por fazer uma história, devidamente consubstanciada e distanciada, da ação do Fundo de Fomento da Habitação, dos seus projetos, realizações e processos de atuação. Depois de 13 anos de atividade — dos quais dez coordenando todas as competências do Estado central em habitação apoiada —, a sua extinção foi declarada em 1982, em cumprimento de resolução do governo (de centro-direita e liberal) de Pinto Balsemão, tomada em outubro de 1981. Reiterava-se nesta decisão a incapacidade da iniciativa pública para, «por si só», ultrapassar «a crise do mercado de habitação em Portugal», e a importância de «garantir condições que fomentem a mobilização de recursos privados para investimento em habitação e gerir os recursos públicos destinados a suplementar as acções dos sectores privado e cooperativo»; concretamente, alegava-se que o FFH estava «numa situação insusceptível de reconversão para a prossecução dos objectivos enunciados». Em 1983, ao definir uma nova forma de acesso dos municípios a financiamento estatal, o governo insistia que a concentração no Fundo da «quase totalidade das responsabilidades no domínio da habitação social, designadamente nos aspectos do planeamento, da realização física dos programas e do suporte financeiro dos mesmos, conduziu à inviabilização desse organismo»; em relatório do mesmo ano, a comissão liquidatária do Fundo detalhava como responsabilidades acrescidas e programas multiplicados teriam levado ao crescimento de serviços, funcionários e grupos de trabalho tornados «ineficazes e totalmente descoordenados.» O grande projeto marcelista terá sido vítima da intenção centralizadora que lhe dera origem. Autores que escreveram sobre o FFH e nele trabalharam notaram, por seu lado, a relutância do governo, no contexto político-económico de então, em reformar a instituição sem questionar as suas premissas fundadoras. Na verdade, a sua ação prolongou-se com a comissão liquidatária até 1988, dado o volume das iniciativas já lançadas pelo FFH: à data da extinção estas incluíam 20 mil contratos de financiamento a promotores terceiros, 17 mil fogos em construção por promoção direta e responsabilidades nos Contratos de Desenvolvimento vigentes e na gestão de 35 mil casas «em regime de renda social ou propriedade resolúvel», segundo o relatório final da comissão (*in* Vilaça e Ferreira, 2018: 341).

A substituição, em 1984, do FFH por um organismo de planeamento e gestão financeira dos apoios à habitação, o Instituto Nacional da Habitação (INH), parece traduzir claramente uma estratégia de distanciamento do Estado central em relação aos aspetos práticos e técnicos do problema — deixados nas mãos de municípios, cooperativas e privados — e foco na «administração e financiamento de programas de habitação social que devam ser apoiados pelo Estado», confirmado em 1986 na lei orgânica do novo INH. Este daria apoio à definição de políticas, desenvolveria estudos, estratégia e normativa, e financiaria promoção descentralizada (municípios, cooperativas, Contratos de Desenvolvimento) — mas não seria promotor direto de habitação acessível. No mesmo sentido foi a decisão, anunciada em 1982, de iniciar a venda das casas de renda social aos inquilinos, reforçada em 1987 pelo primeiro governo de Cavaco Silva com a criação do Instituto de Gestão e Alienação do Património Habitacional do Estado (IGAPHE), para manutenção do parque edificado público — que tinha chegado aos 42 500 fogos — e concretização da política de venda progressiva a moradores e, mais tarde, de transferência de bairros e terrenos para os municípios. O propósito era claramente anunciado no diploma instituidor: importava reduzir substancialmente este património «por duas ordens fundamentais de razões. Primeiro [...] porque deve ser olhado, na maioria dos casos, como uma solução provisória ou transitória a suscitar o recurso a outros meios da política habitacional. Segundo, porque a figura do Estado administrador de casas não é fácil, gera desperdícios e irracionalidades, implica encargos pesados para o Orçamento do Estado».

Assistimos então em Portugal, na segunda metade da década de 1980, ao início de uma nova fase na interpretação do papel do Estado central na resposta a carências habitacionais, no contexto neoliberal, internacional, da reformulação do serviço público nos Estados-previdência e, internamente, das exigências trazidas pelo processo de adesão do País à Comunidade Económica Europeia. O estabelecimento de organismos como o INH e o IGAPHE marca a retirada — até hoje, definitiva — do Estado central enquanto promotor e proprietário de habitação, e a concentração em responsabilidades de definição estratégica, regulação normativa e canalização de investimento público, nacional e comunitário, para apoio à promoção por terceiros. Esta retirada implicou de modo especial as câmaras municipais, que tinham, até então, atuado como iniciadoras de operações de pequena escala ou, pontualmente, como parceiras dos serviços centrais (nos Planos Integrados), em regra dependendo do Estado central não apenas para o financiamento mas também para todo o processo de planeamento e execução. «Sendo as autarquias locais os órgãos de poder mais vocacionados para aferirem das carências a satisfazer pela iniciativa pública na área da sua jurisdição, com os seus recursos próprios e por meio de empréstimos», afirmava o Conselho de Ministros em 1983, ao redistribuir competências do FFH, «poderão mais eficazmente incumbir-se desta tarefa, que deixou de fazer sentido atribuir a um órgão central».

Os municípios eram vistos como a chave para um problema que, ao longo dos 70 anos que passaram entre 1918 (primeiros incentivos a «casas económicas») e 1988 (liquidação efetiva das ações lançadas pelo Fundo de Fomento da Habitação), o Estado central parece não ter conseguido, em momento algum, resolver cabalmente. Tanto a transferência da responsabilidade na promoção de novos alojamentos quanto a passagem do parque habitacional público existente, da administração central para as locais, foram processos problemáticos e, até hoje, não plenamente resolvidos: com efeito, quando em 2007 o IGAPHE foi extinto, o seu património, integrado no INH e redenominado este Instituto da Habitação e da Reabilitação Urbana (IHRU) — a mais recente estrutura na linhagem de serviços públicos dedicados à habitação apoiada entre nós —, o Estado central era ainda proprietário de mais de 15 mil fogos. Apesar das medidas tomadas a partir de 1987 para passar este ónus para moradores e municípios, uns e outros nem sempre quiseram ou puderam assumi-lo: em debates sobre habitação em Portugal é comum ouvir responsáveis autárquicos que desempenharam funções naquele período sublinhar que a transmissão da responsabilidade sobre bairros com décadas de manutenção deficiente constituiu, para municípios com poucos recursos financeiros e técnicos, um desafio complexo. Não surpreenderá afinal que, em 2018, 15 % dos alojamentos sem condições habitacionais identificados no País se encontrem nos «bairros sociais» erguidos pelos vários ramos do Estado no século passado.

Os programas e as políticas desenvolvidas na primeira década após o 25 de Abril terão resultado na construção de cerca de 85 mil casas (Ferreira 1987; números não oficiais), o que inclui tanto iniciativas de promoção direta pelo Estado central — as últimas no século xx — como as medidas de apoio a terceiros — que seriam, a partir de então, o modo exclusivo de intervenção daquele na questão da casa apoiada em Portugal.

Entre aquilo que os municípios herdaram do poder central desde 1987 e o que subsequentemente construíram, em 2015 existiam em Portugal 120 mil casas em propriedade pública (central e local), segundo dados do Instituto Nacional de Estatística; uma estimativa de 2018, contudo, computou em 170 mil o número de fogos construídos desde 1918 que «deveriam estar no parque público no regime de arrendamento social». O mesmo estudo justificava a hipotética discrepância de 50 mil casas (menos 30 % do total teórico) com as políticas de venda a inquilinos seguidas pelas administrações central e local, e identificava a gestão historicamente deficiente deste património como argumento principal para decisões de privatização que poderiam ter sido evitadas com uma gestão integrada, «dinâmica, interativa e participada» da casa apoiada:

> «Se a gestão entregue ao Estado central foi sempre problemática devido às distâncias entre a localização dos bairros e as sedes de decisão, no que se refere aos municípios e outras entidades, a pouca experiência alicerçada em serviços insuficientemente dotados e a ausência de documentos orientadores deixaram, durante décadas, muitos bairros ostracizados. Os milhares de famílias realojadas, provenientes de contextos sociais e económicos desfavorecidos, com uma multiplicidade de

problemas associados, não foram suportados por medidas complementares [de incentivo à] mobilidade social correspondentes à mudança de situação habitacional.» (Vilaça e Ferreira, 2018: 359)

Em muitos pontos do País vivem-se hoje as consequências pesadas do esboroar de competências e culturas, centrais e locais, sobre habitação apoiada pela esfera pública, e da dificuldade patente em conceber, pôr em prática, testar com tempo e retirar lições de estratégias de gestão integrada da casa acessível. O próprio conceito de casa acessível deve incluir não apenas a promoção nova apoiada mas também outras componentes muito importantes do parque habitacional total nacional: casas que nunca até hoje foram integradas em estratégias de acessibilidade à habitação — alojamentos degradados, devolutos, subaproveitados — e mesmo edifícios — da administração central e local, privados — que não foram concebidos com finalidade residencial e podem ser a esta convertidos. Em 2019 surgiram as primeiras propostas do governo neste sentido (incluindo o Hospital Miguel Bombarda em Lisboa, por exemplo), aplicando critérios de seleção que não foram, contudo, tornados públicos.

O Estado Central nos Bastidores: Cedências, Bonificações e (ainda) «Barracas»

Desde a retirada do Estado central enquanto promotor direto de habitação apoiada, na segunda metade da década de 1980, as políticas dedicadas à questão em Portugal foram marcadas por dois eixos essenciais: a assunção de protagonismo pelos municípios, os quais ficaram — voluntária ou involuntariamente — a representar a coisa pública na resposta a carências persistentes e disseminadas pelo País; e a aposta na participação de privados na equação, aposta que passou, entre outras vias, pelos avultados investimentos feitos pelo erário público, até ao virar do século, no incentivo à aquisição de casa própria pela concessão de crédito com juros bonificados.

Enquanto entidade planificadora e canalizadora do apoio financeiro público à promoção por terceiros, o INH desenvolveu inicialmente programas dirigidos aos municípios (a chamada Promoção Direta Municipal de habitação de custos controlados, para venda e arrendamento, incluindo operações de realojamento), ao cooperativismo (a Promoção Habitacional Cooperativa, destinada à propriedade tanto individual, adquirida pelos sócios, quanto coletiva, para arrendamento) e às empresas privadas de construção civil — em particular, reformulando o regime dos Contratos de Desenvolvimento para Habitação (CDH).

Este último é exemplar das dificuldades encontradas pelo Estado para envolver de modo satisfatório a iniciativa privada na produção de habitação apoiada — dificuldade constante desde 1918 e nunca realmente ultrapassada. Quando o governo do Bloco Central, chefiado por Mário Soares, decretou a reforma do regime dos CDH em 1985, o fracasso deste instrumento criado em 1974 era evidente: os grandes objetivos — «promover de forma autónoma a oferta de [...] habitações destinadas ao mercado de venda com custos limitados ou de arrendamento em regime de renda limitada, cabendo ao Estado garantir a qualidade e os preços finais dos fogos e a concessão de um conjunto de benefícios às empresas promotoras»; «constituir uma alternativa para os promotores imobiliários, que, na situação de crise conjuntural então vivida, poderiam prosseguir, assim, a sua actividade»; e, em suma, «criar as condições indispensáveis para que a iniciativa privada se sinta interessada na habitação social» — não haviam sido minimamente cumpridos. O próprio diploma de 1985 detalhava: «As promoções de habitação ficaram praticamente confinadas à área de Lisboa e a um número de empresas da ordem da dezena. A Administração, para garantir a conclusão das operações lançadas, foi alargando o âmbito dos benefícios. Casos houve, até, em que a garantia de compra [pelo Estado de um número mínimo de fogos, contratualmente estabelecido] foi fixada em 100 % das habitações objecto do contrato. Também em situações extremas os preços finais de venda das habitações alcançaram valores da ordem dos praticados nas promoções privadas sem qualquer apoio estatal. [...] Para o nível de benefícios concedidos, os resultados alcançados são de tal forma reduzidos que se impõe uma alteração do conteúdo do programa.» Antes da sua extinção, em 2013, o regime foi de novo alterado em 1989, quando mais uma vez o legislador lamentava: «É hoje notória a insuficiência daquela medida legislativa na prossecução dos fins que se propunha atingir. Torna-se evidente a necessidade de flexibilizar e desburocratizar o sistema em vigor para a promoção privada de habitação a custos controlados, no sentido de o dotar de um enquadramento legislativo como o que tem vigorado para a promoção cooperativa e que, comparativa e inequivocamente, se tem revelado bem mais dinâmico e eficaz.»

Com a persistente dificuldade em incluir — ao mesmo tempo controlando — a iniciativa privada na produção de habitação apoiada, o período de vigência do INH (1984-2007) ter-se-á saldado pelo financiamento de cerca de 130 mil casas, com 60 mil para arrendamento e 70 mil para venda, segundo estimativa do próprio instituto (in Vilaça e Ferreira, 2018: 347). Segundo a mesma fonte, a promoção financiada pelo INH foi sobretudo absorvida pelo cooperativismo, na sua primeira década, quando terão sido apoiadas 40 mil casas; e pelos municípios, através de programas de realojamento e outros, com a construção de mais de 68 mil casas a partir de 1995.

De facto, «realojamento» foi a palavra-chave na produção de casa apoiada nas últimas três décadas. Perante a persistência de alojamento precário — em conjuntos designados genericamente por «barracas», mesmo no discurso oficial — em muitos centros urbanos portugueses, e em especial nas áreas metropolitanas do Porto e de Lisboa, o Estado central dispôs-se em 1987 a participar, em condições muito favoráveis, no esforço financeiro autárquico para eliminar aqueles aglomerados; a Câmara Municipal de Lisboa candidatou-se de imediato com o Plano de Intervenção a Médio Prazo, para realojamento prioritário de habitantes em terrenos por onde viriam a passar eixos viários essenciais tais como a Circular Regional Interior de Lisboa e o Eixo Norte-Sul. Por este primeiro programa foram financiadas, por exemplo, construções no Bairro da Flamenga (antiga Zona N1 de Chelas; 115 edifícios com 1090 casas, edificadas em três fases entre 1981 e 1996, segundo projetos dos arquitetos Alfredo Silva Gomes, Raúl Cerejeiro e José Silva Carvalho), Quinta das Fonsecas (Laranjeiras; 240 casas concluídas em 1992 com projeto do arquiteto Ilídio Pelicano) e Bairro do Marquês de Abrantes (Chelas; 242 casas com projeto dos arquitetos José Vieira, Margarida Alves e Pedro Menezes, terminadas em 1997) (cf. Serpa *et al.*, 2018).

Figura 10 — Mural de 2Hands no Bairro da Flamenga, Lisboa
José Vicente, 20 de janeiro de 2012, CML/AML

Em maio de 1993, perante a persistência e escala do problema das «barracas» — que o Censo de 1991 havia quantificado
em 1311 no Grande Porto e 12 212 na Grande Lisboa, para um total
nacional de 20 460 alojamentos precários —, foi estabelecido um
novo instrumento, o Programa Especial de Realojamento nas
Áreas Metropolitanas de Lisboa e do Porto (PER), concedendo
condições especiais de financiamento aos municípios das duas
áreas para erradicação daquilo a que o diploma instituidor cha-
mava «chaga ainda aberta no nosso tecido social». Estima-se que,
ao abrigo do conhecido PER, tenham sido promovidos cerca de 34
mil fogos, dos 48 mil contratualizados, em todos os municípios
das áreas metropolitanas (Vilaça e Ferreira, 2018: 350).

Nestes municípios, o PER tornou-se o principal programa de habitação apoiada dos últimos 30 anos; tanto aquelas cidades quanto outros centros do País, não abrangidos pelo PER, recorreram a instrumentos como os Contratos de Desenvolvimento para Habitação no seu esforço de realojamento. Análises morfológicas da casa apoiada e da cidade que esta foi criando no período, recentemente desenvolvidas em estudo coordenado por Filipa Serpa (2018), mostram a diversidade de soluções procuradas para dar forma a uma «arquitetura de realojamento» realizada no contexto do PER: desde os conjuntos de grande e média dimensão em novas frentes urbanas até pequenas operações de cerzidura de descontinuidades antigas dentro da cidade; das moradias em banda aos edifícios em altura, agrupados em bloco ou isolados em torre. Entre muitos outros, são realizações relevantes deste programa, assinaladas no citado estudo, os núcleos de Fontinha (28 casas; arquitetos Teresa Miranda, Rui Mealha e Alberto Macedo, 2001) e Travessa de Salgueiros (40 fogos; Carlos Veloso, 2008) no Porto; de Bataria (75 fogos; João Carreira, 2004) e Seara (132 fogos; João Álvaro Rocha, 2004) em Matosinhos; de Corunheiras (38 fogos; Joaquim Tenreiro, 2004) em Évora; de Navegadores (441 fogos; Júlio e Pedro Neuparth, 1999) em Oeiras; e de Alto do Chapeleiro (14 fogos; Duarte Nunes Simões, 1996), Quinta da Bela Flor (243 fogos; Nuno Maia Malta, 2003) e Ameixoeira (1458 fogos; Carlos Carvalho, 2000) em Lisboa.

É interessante notar como em Portugal a bonificação, pelo Estado central, dos juros do crédito para a compra de casa própria — isto é, o pagamento, por verbas do Orçamento de Estado, de parte dos juros devidos no empréstimo contraído por um cidadão de menor rendimento ou jovem — teve origem em 1976, no contexto da restauração do regime democrático; e é surpreendente verificar que, até à sua extinção em 2002, esta medida absorveu quase 75 % do investimento público no apoio ao acesso à habitação neste País.

A primeira versão do regime de crédito bonificado resultou de resolução do Conselho de Ministros presidido por Pinheiro de Azevedo, datada de 24 de fevereiro de 1976. O governo português alegava reconhecer que «uma política mais favorável de financiamento ao comprador é condição indispensável em ordem a proporcionar a muitos agregados familiares a possibilidade de adquirirem a sua própria casa. [...] Com efeito, entende-se que é elementar princípio da política habitacional o acesso à compra de habitação própria por todas as famílias, independentemente do nível de rendimento».

Afinal, derrotada a ditadura, o Estado central via ainda, como em 1933 Salazar e Pedro Theotónio Pereira viram, a propriedade individual da casa como um desenvolvimento desejável na abordagem ao problema de carência habitacional — agora fomentada já não mediante o estabelecimento de um vínculo reversível em caso de indisciplina «moral ou social» (como estipulava o modelo de Propriedade Resolúvel de 1933), mas sim através da introdução de «condições de prazo, juro e sinal discriminatórias a favor das famílias de menor rendimento» no crédito bancário à habitação — ou seja, da canalização de avultados montantes de investimento público para a subsidiação do crédito a privados. A lógica da construção de casas para arrendar ou vender a famílias de baixos recursos, por entidades da esfera pública ou privada com financiamento público, foi a partir de então claramente ultrapassada pela aposta no apoio ao indivíduo para que este, por si mesmo, resolvesse o problema de alojar o seu agregado familiar: foi a derrota daquilo que, em jargão, se chama «apoio à pedra» (isto é, à construção) em benefício do «apoio à pessoa».

Parece tratar-se aqui, na essência, de uma «privatização» da política de habitação, na qual o apoio concedido, embora resultante da contribuição (fiscal) de todos, era aplicado pelo indivíduo com a eficácia e a pertinência que este determinasse. A coisa pública inibe-se de procurar, em nome do coletivo, definir critérios, boas-práticas, soluções economicamente sensatas para o alojamento daqueles que se encontram excluídos do mercado imobiliário, através da promoção/produção ou do subsídio à promoção/produção de casas acessíveis, reservadas aos mesmos. Pelo contrário, a política de bonificação do crédito à habitação incorpora-os no mercado existente, onde passarão a competir por alojamento com outros interessados, de níveis económico-sociais diversos. Sucessivamente ajustado em 1983, 1984, 1986 e 1998, o regime de crédito bonificado foi extinto em 2002 (salvo para deficientes com incapacidade de 60 % ou superior), no contexto de queda acentuada das taxas de juro (decorrente da adesão à Moeda Única) e de exigências de consolidação das finanças públicas. Estudos recentes referem as debilidades de um regime exposto a fraude, demasiado lato na seleção dos destinatários, não dirigido especificamente aos mais desfavorecidos e considerado, em amostragens internacionais, como tendo impacto reduzido no acesso destes à propriedade de casa própria. Nota-se como os seus benefícios foram na verdade colhidos, perniciosamente, por entidades e indivíduos cujo rendimento decorre de transações imobiliárias (construtoras, agências, bancos): incentivando a procura, a bonificação inflaciona os preços e, deste modo, provoca o sobre-endividamento das famílias e dificulta o acesso dos mais pobres à habitação e a sua mobilidade em busca de emprego. Em poucas palavras, «ao contrário do seu propósito inicial, o Regime de Crédito Bonificado não era um programa dirigido aos mais desfavorecidos» (Xerez, Rodrigues e Cardoso, 2018: 472).

Não obstante, estima-se que, entre 1987 e 2011, 73,3 % do esforço orçamental desenvolvido pelo Estado português para apoio à habitação tenha tido a forma de bonificações de juros do crédito à construção ou à aquisição de habitação (IHRU, 2015). Ou seja, quase três-quartos do investimento público feito então na casa apoiada não foram dirigidos afinal a facilitar o acesso a alojamento pelos que, em especial nos grandes centros, mais dificuldade tinham em alcançar este bem essencial. Muitos portugueses puderam usufruir desta ajuda para aceder à almejada casa própria — mas muitos não só não puderam fazê-lo como viram diminuída a sua capacidade de aceder ao mercado de arrendamento.

Em Portugal, o Estado central foi promotor direto de habitação apoiada durante 70 anos, entre 1918 e 1988, recorrendo a um leque sempre crescente de instrumentos para tentar alargar o número de intervenientes sem prescindir de um papel central na equação; desde então, assistimos à cedência de responsabilidades e protagonismo na promoção da casa acessível e, mesmo, ao incentivo à propriedade individual com subsídios diretos à compra.

Um dos efeitos da retirada do Estado que marcaram os últimos 30 anos poderá ter sido, na consciência coletiva nacional, uma tendência para encarar a habitação apoiada em Portugal como algo genericamente deficiente, negativo, falhado. Com a ajuda de comparações com a Europa central e do norte, a narrativa predominante no discurso público insiste, em primeiro lugar, no pouco que se construiu, na pouca qualidade do que se produziu e, por último, no estado de degradação a que chegaram alguns dos conjuntos de casas erguidos. Esta narrativa é pouco precisa, por vezes superficial, assenta em ideias preconcebidas e tem como resultado indireto a menorização do processo de conceção e produção de habitação apoiada neste País — menorização que, em momentos de alarme e ansiedade coletiva relativamente ao acesso à habitação por todos os cidadãos, como o que presentemente vivemos, parece apenas contribuir para acentuar o sentimento de impotência do esforço público coletivo face à dimensão do problema, descredibilizando-o e reforçando os argumentos de quem vê com ceticismo o papel do Estado como agente direto. O futuro da casa apoiada em Portugal parece, por vezes, uma profecia que se cumprirá a si própria: derrotada sob o peso do seu passado.

Resistindo a semelhante narrativa, este livro procura evidenciar como, mesmo com as vicissitudes, restrições, ambiguidades e falhas das políticas e dos programas com que aquele esforço foi desenvolvido, os primeiros cem anos de promoção pública da casa acessível em Portugal não devem ser subvalorizados, e as obras realizadas — os bairros e casas construídos — devem ser conhecidas, estudadas e, acima de tudo, entendidas como ponto de partida para cidades, vilas e aldeias melhores. O esforço foi grande: se nos primeiros anos da ditadura eram erguidas cerca de 1900 casas apoiadas por ano, no início do presente século esta média estava próxima de 5500 fogos. Não devemos ignorar este esforço, pois aquilo que dele resultou marca indelevelmente o ambiente construído em Portugal; por exemplo, os 536 bairros realizados sob a égide do prosaicamente chamado Programa de Casas para Famílias Pobres existem ainda hoje, dispersos pelos concelhos do País, muitos ainda habitados e formando parte importante das comunidades em que se inserem, tanto social como urbana e arquitetonicamente.

Uma perspetiva informada e construtiva sobre os primeiros cem anos da habitação apoiada em Portugal permitir-nos-á incluir este património em soluções futuras para uma questão que, como a nossa história sugere, estará sempre por resolver plenamente.

Para saber mais

Legislação

Decreto n.º 4.137, de 24 de abril de 1918. *Diário do Governo*, 1.ª série, n.º 87, de 25 de abril de 1918: Presidência do Ministério. Estabelece «várias providências atinentes a promover a construção de casas económicas».

Decreto n.º 5.397, de 14 de abril de 1919. *Diário do Governo*, 1.ª série, n.º 77. Ministério do Trabalho: Gabinete do Ministro. Abre crédito especial para «construção do primeiro bairro com 1000 habitações independentes».

Decreto n.º 5.481, de 30 de abril de 1919. *Diário do Governo*, 1.ª série, n.º 90. Ministério do Trabalho: Secretaria Geral. «Regulamento para a construção dos bairros sociais.»

Decreto n.º 21.697, de 30 de setembro de 1932. *Diário do Governo*, 1.ª série, n.º 230. Ministério das Obras Públicas e Comunicações: Gabinete do Ministro. «Considera melhoramentos urbanos as obras de interesse local e vantagem colectiva, a executar fora dos grandes centros.»

Decreto n.º 21.699, de 30 de setembro de 1932. *Diário do Governo*, 1.ª série, n.º 230. Ministério das Obras Públicas e Comunicações: Gabinete do Ministro. «Cria junto do Ministério das Obras Públicas e Comunicações o Comissariado do Desemprego.»

Decreto-Lei n.º 23.052, de 23 de setembro de 1933. *Diário do Governo*, 1.ª série, n.º 217. Presidência do Conselho: Sub-Secretariado de Estado das Corporações e Previdência Social. «Autoriza o Governo a promover a construção de casas económicas, em colaboração com as câmaras municipais, corporações administrativas e organismos do Estado.»

Decreto-Lei n.º 23.053, de 23 de setembro de 1933. *Diário do Governo*, 1.ª série, n.º 217. Presidência do Conselho: Sub-Secretariado de Estado das Corporações e Previdência Social. «Cria no Sub-Secretariado das Corporações e Previdência Social o Instituto Nacional do Trabalho e Previdência.»

Decreto-Lei n.º 23.860, de 16 de maio de 1934. *Diário do Governo*, 1.ª série, n.º 113. Ministério das Obras Públicas e Comunicações: Gabinete do Ministro. «Considera melhoramentos urbanos, e como tal ficam abrangidos pelas disposições aplicáveis do decreto n.º 21.697, as construções de casas económicas a executar de harmonia com o decreto-lei n.º 23.052.»

Decreto-Lei n.º 28.912, de 12 de agosto de 1938. *Diário do Governo*, 1.ª série, n.º 186. Ministério das Obras Públicas e Comunicações: Gabinete do Ministro. «Autoriza o Governo a promover na cidade de Lisboa a construção de 2000 casas económicas e a dar o seu concurso à instalação de 1000 pequenas casas desmontáveis.»

Decreto-Lei n.º 33.278, de 24 de novembro de 1943. *Diário do Governo*, 1.ª série, n.º 256. Ministério das Obras Públicas e Comunicações: Gabinete do Ministro. «Autoriza o Governo a promover, em colaboração com as Câmaras Municipais de Lisboa, Porto, Coimbra e Almada, a construção de mais 5000 moradias, sendo 4000 económicas e 1000 casas desmontáveis.»

Decreto-Lei n.º 33.921, de 5 de setembro de 1944. *Diário do Governo*, 1.ª série, n.º 197. Ministério das Obras Públicas e Comunicações: Gabinete do Ministro. «Torna obrigatório às câmaras municipais do continente e ilhas adjacentes promover o levantamento de plantas topográficas e a elaboração de planos gerais de urbanização e expansão das sedes dos seus municípios.»

Decreto-Lei n.º 34.337, de 27 de dezembro de 1944. *Diário do Governo*, 1.ª série, n.º 286. Ministério das Obras Públicas e Comunicações: Gabinete do Ministro. Cria a Direção-Geral dos Serviços de Urbanização.

Decreto-Lei n.º 34.486, de 6 de abril de 1945. *Diário do Governo*, 1.ª série, n.º 73. Ministério das Obras Públicas e Comunicações: Gabinete do Ministro. «Autoriza o Governo a promover, no prazo de cinco anos, por intermédio dos corpos administrativos e Misericórdias, a construção de 5 000 casas destinadas ao alojamento de famílias pobres nos centros populacionais do continente e das ilhas adjacentes.»

Lei n.º 2.007, de 7 de maio de 1945. *Diário do Governo*, 1.ª série, n.º 98. Ministério das Obras Públicas e Comunicações. «Estabelece as bases a que deve obedecer a construção de casas de renda económica.»

Decreto-Lei n.º 35.611, de 25 de abril de 1946. *Diário do Governo*, 1.ª série, n.º 89. Presidência do Conselho: Subsecretariado de Estado das Corporações e Previdência Social. «Insere disposições relativas à cooperação das instituições de previdência na resolução do problema da habitação.»

Decreto-Lei n.º 36.212, de 7 de abril de 1947. *Diário do Governo*, 1.ª série, n.º 78. Ministérios das Finanças e das Obras Públicas. «Insere disposições relativas à construção de casas de renda limitada.»

Decreto-Lei n.º 42.454, de 18 de agosto de 1959. *Diário do Governo*, 1.ª série, n.º 188. Presidência do Conselho. «Estabelece o plano para a construção na cidade de Lisboa de novas habitações com rendas acessíveis aos agregados familiares de mais fracos recursos.»

Decreto-Lei n.º 44.645, de 25 de outubro de 1962. *Diário do Governo*, 1.ª série, n.º 246. Ministérios do Interior e das Obras Públicas. «Estabelece o regime para a construção da sua própria habitação pelos chefes de família que se encontrem em qualquer das situações previstas no artigo 256.º do Código Administrativo.»

Decreto-Lei n.º 49.033, de 28 de maio de 1969. *Diário do Governo*, 1.ª série, n.º 126. Ministério das Obras Públicas: Gabinete do Ministro. «Institui, no Ministério das Obras Públicas, o Fundo de Fomento da Habitação.»

Decreto-Lei n.º 583/72, de 30 de dezembro. *Diário do Governo*, 1.ª série, n.º 302. Ministério das Obras Públicas: Gabinete do Ministro. «Reorganiza o Fundo de Fomento da Habitação.»

Despacho de 31 de julho de 1974. *Diário do Governo*, 1.ª série, n.º 182. Ministérios da Administração Interna e do Equipamento Social e do Ambiente. «Estabelece várias medidas destinadas a solucionar determinados aspectos do problema habitacional.»

Decreto-Lei n.º 663/74, de 26 de novembro. *Diário do Governo*, 1.ª série, n.º 275. Ministérios das Finanças e do Equipamento Social e do Ambiente. «Define o regime jurídico dos Contratos de Desenvolvimento para a Habitação.»

Resolução do Conselho de Ministros, de 24 de fevereiro de 1976. *Diário da República*, 1.ª série, n.º 67 (2.º suplemento), de 19 de março de 1976. Presidência do Conselho de Ministros — Gabinete do Primeiro-Ministro. «Estabelece o regime de crédito à habitação.»

Decreto-Lei n.º 461/76, de 9 de junho. *Diário da República*, 1.ª série, n.º 135. Ministério da Habitação, Urbanismo e Construção: Gabinete do Ministro. «Anula efeitos discriminatórios em moradores de casas económicas por motivos políticos.»

Decreto-Lei n.º 683-B/76, de 10 de setembro. *Diário da República*, 1.ª série, n.º 213. Presidência do Conselho de Ministros. «Cria na Presidência do Conselho de Ministros e na dependência do Primeiro-Ministro o Comissariado para os Desalojados.»

Resolução do Conselho de Ministros n.º 224/81, de 8 de outubro. *Diário da República*, 1.ª série, n.º 250, de 30 de outubro de 1981. Presidência do Conselho de Ministros: Gabinete do Primeiro-Ministro. «Estabelece medidas com vista à extinção do Fundo de Fomento da Habitação e do Instituto de Apoio à Construção Civil.»

Decreto-Lei n.º 214/82, de 29 de maio. *Diário da República*, 1.ª série, n.º 122. Ministério da Habitação, Obras Públicas e Transportes. «Extingue o Fundo de Fomento da Habitação.»

Resolução do Conselho de Ministros n.º 11/83. *Diário da República*, 1.ª série, n.º 15, de 19 de janeiro de 1983. Presidência do Conselho de Ministros: Gabinete do Primeiro-Ministro. «Define a forma de acesso das câmaras municipais a financiamentos à habitação apoiados pelo Estado.»

Decreto-Lei n.º 220/83, de 26 de maio. *Diário da República*, 1.ª série, n.º 121. Ministérios das Finanças e do Plano e da Habitação, Obras Públicas e Transportes. «Estabelece condições especiais de acesso ao crédito por parte dos municípios e outras pessoas colectivas para promoção de habitação.»

Decreto-Lei n.º 177/84, de 25 de maio. *Diário da República*, 1.ª série, n.º 121. Ministérios das Finanças e do Plano e do Equipamento Social. «Cria o Instituto Nacional de Habitação.»

Decreto-Lei n.º 110/85, de 17 de abril. *Diário da República*, 1.ª série, n.º 89. Ministério do Equipamento Social. «Regula os empréstimos a conceder pelo Instituto Nacional de Habitação a municípios e suas associações e a empresas municipais ou intermunicipais para o financiamento da construção ou da aquisição, no âmbito de programas de reabilitação urbana ou de Contratos de Desenvolvimento para Habitação, de habitações destinadas a arrendamento.»

Decreto-Lei n.º 236/85, de 5 de julho. *Diário da República*, 1.ª série, n.º 152. Ministério do Equipamento Social. «Introduz alterações nos Contratos de Desenvolvimento para Habitação (CDH).»

Decreto-Lei n.º 366/85, de 11 de setembro. *Diário da República*, 1.ª série, n.º 209. Ministério do Equipamento Social. «Define os termos em que serão estabelecidos acordos de colaboração entre a administração central e os municípios para a realização de programas de habitação social destinados a realojamento da população residente em barracas.»

Decreto-Lei n.º 202-B/86, de 22 de julho. *Diário da República*, 1.ª série, n.º 166. Ministério das Obras Públicas, Transportes e Comunicações. «Aprova a Lei Orgânica do Instituto Nacional de Habitação (INH).»

Decreto-Lei n.º 88/87, de 26 de fevereiro. *Diário da República*, 1.ª série, n.º 48. Ministérios das Finanças, da Justiça e das Obras Públicas, Transportes e Comunicações. «Cria o Instituto de Gestão e Alienação do Património Habitacional do Estado (IGAPHE).»

Decreto-Lei n.º 226/87, de 6 de junho. *Diário da República*, 1.ª série, n.º 130. Ministério das Obras Públicas, Transportes e Comunicações. «Estabelece o regime de cooperação entre a administração central e local em programas de habitação social para arrendamento.»

Decreto-Lei n.º 39/89, de 1 de fevereiro. *Diário da República*, 1.ª série, n.º 27. Ministério das Obras Públicas, Transportes e Comunicações. «Revê o regime de financiamento à iniciativa privada no âmbito de Contratos de Desenvolvimento para Habitação (CDH).»

Decreto-Lei n.º 163/93, de 7 de maio. *Diário da República*, 1.ª série-A, n.º 106. Ministério das Obras Públicas, Transportes e Comunicações. «Estabelece o Programa Especial de Realojamento nas Áreas Metropolitanas de Lisboa e do Porto.»

Resolução do Conselho de Ministros n.º 50-A/2018. *Diário da República*, 1.ª série, n.º 8 (1.º Suplemento), de 2 de maio de 2018. Presidência do Conselho de Ministros. «Aprova o sentido estratégico, objetivos e instrumentos de atuação para uma Nova Geração de Políticas de Habitação.»

Bibliografia

Agarez, Ricardo Costa, *O Moderno Revisitado. Habitação Multifamiliar em Lisboa nos Anos de 1950*, Lisboa, Câmara Municipal de Lisboa, 2009.

——, Ricardo Costa, «De regra, renda e desenho. Arquitectura para a Misericórdia de Lisboa c. 1960», in *Património Arquitectónico 2. Santa Casa da Misericórdia de Lisboa*, Lisboa, Santa Casa da Misericórdia de Lisboa, Tomo I, 2010, pp. 83-95.

——, Ricardo Costa, *Algarve Building. Modernism, Regionalism and Architecture in the South of Portugal, 1925-1965*, Nova Iorque, Routledge, 2016.

——, Ricardo Costa (coord.), *Habitação: Cem Anos de Políticas Públicas em Portugal, 1918-2018*, Lisboa, Instituto da Habitação e da Reabilitação Urbana, 2018.

Bandeirinha, José António, *O Processo SAAL e a Arquitectura no 25 de Abril de 1974*, Coimbra, Imprensa da Universidade de Coimbra, 2011.

Bandeirinha, José António, Tiago Castela, Rui Aristides e Joana Gouveia Alves, «O Fundo de Fomento da Habitação de 1969 a 1982: Ordenamento, alternativas e mercado» in Agarez, Ricardo Costa (coord.), *Habitação: Cem Anos de Políticas Públicas em Portugal, 1918-2018*, Lisboa, Instituto da Habitação e da Reabilitação Urbana, 2018, pp. 234-279.

Comissão Executiva da Exposição de Obras Públicas, *Quinze Anos de Obras Públicas, 1932-1947* [Lisboa, Ministério das Obras Públicas], 1948.

Ferreira, António Fonseca, *Por Uma Nova Política de Habitação*, Porto, Edições Afrontamento, 1987.

Freire, Dulce, e Pedro Namorado Borges, «O problema da habitação rural: Debates e políticas públicas durante o Estado Novo» in Agarez, Ricardo Costa (coord.), *Habitação: Cem Anos de Políticas*

Públicas em Portugal, 1918-2018, Lisboa, Instituto da Habitação e da Reabilitação Urbana, 2018, pp. 118-159.

Gonçalves, Eliseu, «A República e a questão social da habitação no rescaldo da Guerra (1918-1933)» *in* Agarez, Ricardo Costa (coord.), *Habitação: Cem Anos de Políticas Públicas em Portugal, 1918-2018*, Lisboa, Instituto da Habitação e da Reabilitação Urbana, 2018, pp. 40-81.

Instituto da Habitação e da Reabilitação Urbana, *1987-2011: 25 anos de esforço do Orçamento do Estado com a habitação*, 2015. Disponível em http://www.portaldahabitacao.pt/opencms/export/sites/portal/ pt/portal/publicacoes/estudos/Esforco-do-Estado-em-Habitacao. pdf (consultado em 8 de setembro de 2019).

——, *Levantamento Nacional das Necessidades de Realojamento Habitacional*, 2018. Disponível em https://www.portaldahabitacao.pt/ opencms/export/sites/portal/pt/portal/habitacao/levantamento_ necessidades_habitacionais/Relatorio_Final_Necessidades_Realojamento.pdf (consultado em 8 de setembro de 2019).

Instituto Nacional do Trabalho e Previdência, [*Álbum n.º 1*] *1934—1940. Bairros de Casas Económicas*, Porto, [MOPC — DGEMN —] Secção das Casas Económicas, s.d. [1940].

Lino, Raul, *A Nossa Casa. Apontamentos Sobre o Bom Gosto na Construção das Casas Simples* [Lisboa, s.n.], 1918.

——, Raul, *Casas Portuguesas. Alguns Apontamentos Sobre o Arquitectar das Casas Simples*, Lisboa, Valentim de Carvalho, 1933.

Ministério das Corporações e Previdência Social, *Habitações Económicas*, documento policopiado, 1962.

Pereira, Virgílio Borges, e João Queirós, *Na Modesta Cidadezinha. Génese e Estruturação de Um Bairro de Casas Económicas do Porto [Amial, 1938-2010]*, Porto, Edições Afrontamento, 2012.

Pereira Virgílio Borges, João Queirós, Sérgio Dias da Silva e Tiago Castro Lemos, «Casas Económicas e Casas Desmontáveis: Génese, estruturação e transformação dos primeiros programas habitacionais do

Estado Novo» in AGAREZ, Ricardo Costa (coord.), *Habitação: Cem Anos de Políticas Públicas em Portugal, 1918-2018*, Lisboa, Instituto da Habitação e da Reabilitação Urbana, 2018, pp. 82-117.

Secretaria de Estado da Habitação e Urbanismo, *Programa de Política Habitacional*, documento policopiado, 1975.

VILAÇA, Eduardo, e Teresa FERREIRA, «Os anos de crescimento (1969-2002)» in AGAREZ, Ricardo Costa (coord.), *Habitação: Cem Anos de Políticas Públicas em Portugal, 1918-2018*, Lisboa, Instituto da Habitação e da Reabilitação Urbana, 2018, pp. 316-363.

TIAGO, Maria da Conceição, *O Bairro Social da Ajuda/Boa Hora: Um projecto da República Nova e uma realização do Estado Novo*, Dissertação de Mestrado em História Social Contemporânea, Lisboa, Instituto Superior de Ciências do Trabalho e da Empresa, 1997.

——, Maria da Conceição, «Bairros Sociais da Primeira República: Projectos e realizações» in *Ler História* 59, 2010, pp. 249-272.

Universidade do Porto, Faculdade de Arquitetura, Base de dados «Mapa da Habitação», 2019, *in* https://db.up.pt/fmi/webd/mapa_habitacao_db (consultado em 8 de setembro de 2019).

XEREZ, Romana, Pedro G. RODRIGUES e Francielli D. CARDOSO, «A Política de habitação em Portugal de 2002 a 2017: Programas, políticas públicas implementadas e instituições envolvidas» *in* AGAREZ, Ricardo Costa (coord.), *Habitação: Cem Anos de Políticas Públicas em Portugal, 1918-2018*, Lisboa, Instituto da Habitação e da Reabilitação Urbana, 2018, pp. 484-511.

Ensaios da Fundação

1. O Ensino do Português
   Maria do Carmo Vieira

2. Economia Portuguesa:
   As Últimas Décadas
   Luciano Amaral

3. Portugal: Os Números
   Maria João Valente Rosa
   e Paulo Chitas

4. Justiça Fiscal
   J. L. Saldanha Sanches

5. Difícil É Educá-los
   David Justino

6. Autoridade
   Miguel Morgado

7. Propriedade Privada:
   Entre o Privilégio e a Liberdade
   Miguel Nogueira de Brito

8. Filosofia em Directo
   Desidério Murcho

9. Segurança Social:
   O Futuro Hipotecado
   Fernando Ribeiro Mendes

10. A Ciência em Portugal
    Carlos Fiolhais

11. Economia, Moral e Política
    Vítor Bento

12. Discriminação da Terceira Idade
    Sibila Marques

13. Corrupção
    Luís de Sousa

14. Portugal e o Mar
    Tiago Pitta e Cunha

15. Sondagens, Eleições
    e Opinião Pública
    Pedro Magalhães

16. A Televisão e o Serviço Público
    Eduardo Cintra Torres

17. Os Atrasos da Justiça
    Conceição Gomes

18. A Morte
    Maria Filomena Mónica

19. Ensaio Respublicano
    Fernando Catroga

20. O Governo da Justiça
    Nuno Garoupa

21. Liberdade e Informação
    José Manuel Fernandes

22. A Nova Medicina
    João Lobo Antunes

23. A Classe Média:
    Ascensão e Declínio
    Elísio Estanque

24. Portugal: Dívida Pública
    e Défice Democrático
    Paulo Trigo Pereira

25. Forças Armadas em Portugal
    J. Loureiro dos Santos

26. O Envelhecimento
    da Sociedade Portuguesa
    Maria João Valente Rosa

27. Matemática em Portugal:
Uma Questão de Educação
Jorge Buescu

28. O Ensino da História
Gabriel Mithá Ribeiro

29. Portugal, Portugueses:
Uma Identidade Nacional
José Manuel Sobral

30. A Crise, a Família e a Crise
da Família
Mónica Leal da Silva

31. O Trabalho:
Uma Visão de Mercado
Mário Centeno

32. O Futuro do Estado Social
Filipe Carreira da Silva

33. Pela Sua Saúde
Pedro Pita Barros

34. A Liberdade de Expressão
em Tribunal
Francisco Teixeira da Mota

35. Sobre a Morte e o Morrer
Walter Osswald

36. A Sexualidade dos Portugueses
Sofia Aboim

37. Os Investimentos Públicos
em Portugal
Alfredo Marvão Pereira

38. Parcerias Público-Privadas
Joaquim Miranda Sarmento

39. Portugal e a Europa:
Os Números
Maria João Valente Rosa
e Paulo Chitas

40. A Identidade Cultural Europeia
Vasco Graça Moura

41. Economia Paralela
Nuno Gonçalves

42. O Futuro da Floresta
em Portugal
João Santos Pereira

43. Educação e Liberdade de
Escolha
Paulo Guinote

44. Sons e Silêncios da Paisagem
Sonora Portuguesa
Carlos Alberto Augusto

45. Migrações e Cidadania
Gonçalo Saraiva Matias

46. O Cancro
Manuel Sobrinho Simões

47. Os Portugueses e o Mundo
Raquel Vaz-Pinto

48. Pseudociência
David Marçal

49. A Sociedade Civil
Tiago Fernandes

50. Confiança nas Instituições
Políticas
Ana Maria Belchior

51. Ética com Razões
Pedro Galvão

52. Crianças e Famílias num
Portugal em Mudança
Mário Cordeiro

53. A Agricultura Portuguesa
Francisco Avillez

54. O Parlamento Português
Jorge Fernandes

55. Adolescentes
Maria do Céu Soares Machado

56. Política Externa Portuguesa
Tiago Moreira de Sá

57. O Dinheiro
Mário Coutinho dos Santos

58. Rússia e Europa:
Uma Parte do Todo
José Milhazes

59. Portugal e o Espaço
Manuel Paiva

60. Política e Entretenimento
José Santana Pereira

61. O Futuro da União Europeia
Eugénia da Conceição

62. Portugal e o Atlântico
Bernardo Pires de Lima

63. Turismo em Portugal
Vera Gouveia Barros

64. A Democracia na Europa
Catherine Moury

65. Pessoas com Deficiência
em Portugal
Fernando Fontes

66. Ambiente em Portugal
Sofia Guedes Vaz

67. O Valor da Arte
José Carlos Pereira

68. Crise e Crises em Portugal
Carlos Leone

69. Portugal: Um Perfil Histórico
Pedro Calafate

70. Portugal: Paisagem Rural
Henrique Pereira dos Santos

71. Portugal e o Comércio
Internacional
João Amador

72. O Euro e o Crescimento
Económico
Pedro Braz Teixeira

73. Os Exportadores Portugueses
Filipe S. Fernandes

74. Partidos e Sistemas Partidários
Carlos Jalali

75. O Sistema Político Português
Manuel Braga da Cruz

76. Futebol: O Estádio Global
Fernando Sobral

77. A Universidade como Deve Ser
António M. Feijó e Miguel Tamen

78. O Ensino Superior em Portugal
João Filipe Queiró

79. Qualidade da Democracia
em Portugal
Conceição Pequito Teixeira

80. Hiperactividade e Défice
de Atenção
Pedro Strecht

81. Nós e os Outros:
O Poder dos Laços Sociais
Maria Luísa Pedroso de Lima

82. A Saúde Mental dos Portugueses
José Caldas de Almeida

83. As Pescas em Portugal
Álvaro Garrido

84. Cinema e História:
Aventuras Narrativas
João Lopes

85. Envelhecimento
e Políticas de Saúde
Teresa Rodrigues

86. Desperdício Alimentar
Iva Pires

87. Ditadura e Democracia:
Legados da Memória
Filipa Raimundo

88. Prevenir Doenças
e Conservar a Saúde
Francisco George

89. A Energia em Portugal
Jorge Vasconcelos

90. Inteligência Artificial
Arlindo Oliveira

91. Eleições na União Europeia
Nuno Sampaio

92. Administração Pública
Portuguesa
António Tavares

93. Religião na Sociedade
Portuguesa
Alfredo Teixeira

94. A Europa não É Um País
Estrangeiro
José Tavares

95. Pode Portugal Ter Uma
Estratégia?
Bruno Cardoso Reis

96. Criminalidade e Segurança
Manuela Ivone Cunha

97. As Plantas e os Portugueses:
Património, Tradição e Cultura
Luís Mendonça de Carvalho

98. Saúde Digital: Um Sistema
de Saúde para o Século XXI
José Mendes Ribeiro

99. A Habitação Apoiada
em Portugal
Ricardo Costa Agarez

100. Património Cultural:
Realidade Viva
Guilherme d'Oliveira Martins

101. A Ferrovia em Portugal:
Passado, Presente e Futuro
Francisco Furtado